丝路百城传

丝路百城传

"丝路百城传"丛书编委会和编辑部

编委会

主　　任：杜占元

常务副主任：陆彩荣

副 主 任：刘传铭

委　　员：（按姓氏笔画排序）

　　　　丁　方　　万俊人　　马汝军　　王卫民　　王子今
　　　　王邦维　　王守常　　吕章申　　邬书林　　刘文飞
　　　　齐东方　　李敬泽　　连　辑　　邱运华　　辛　峰
　　　　张　帆　　张　炜　　陈德海　　胡开敏　　徐天进
　　　　徐贵祥　　诺罗夫（乌）　　黄　卫　　龚鹏程
　　　　阎晓宏　　彭明哲　　葛剑雄　　谢　刚

编辑部

主　　任：马汝军　　胡开敏

副 主 任：邹懿男　　文　芳

委　　员：简以宁　　蔡莉莉　　陈丝纶

COLOMBO
THE BIOGRAPHY

东方十字路口

科伦坡 传
COLOMBO

［斯里兰卡］阿西夫·侯赛因（Asiff Hussein）——— 著

出版说明

2013年，中国国家主席习近平向世界提出共建"一带一路"的倡议。自提出以来，"一带一路"倡议深刻影响世界，逐渐从理念转化为行动，从愿景转变为现实，建设成果丰硕，得到国际社会热烈响应。

古丝绸之路打开了各国各民族交往的窗口，书写了人类文明进步的历史篇章。新时代共建"一带一路"的实践，为沿线国家和地区相向而行、互学互鉴提供了平台，促进了不同国家和地区、不同民族、不同文化、不同文明的深入交流。

城市是人类文明的结晶。"一带一路"沿线的城市中，蕴藏着人类千年的历史、多元的文化和无尽的动人故事。我们希望通过出版"丝路百城传"，展现每座城市独一无二的历史和性格，汇聚出丰富多彩、生动可感的"一带一路"大格局，增进文化交流和文明互鉴。

这是一次前所未有的出版探索，我们虽竭尽全力，也深知有诸多不足。期待这套丛书能够得到读者的喜欢，也期待更多的读者、作者、专家、学者等各界朋友们对我们的出版工作给予指正。

"丝路百城传"丛书编辑部

前　言 / 1

第一章　从一座城讲起
"科伦坡"的由来 / 5

港口贸易点 / 12

第二章　初现雏形
建造要塞　打好基础 / 19

荷兰殖民时期：要塞城镇 / 22

英国殖民时期：城市扩张 / 24

现代都市大熔炉 / 28

生活的空间艺术 / 30

从砂石路到碎石路 / 33

汽车上路 / 37

有轨电车进城 / 41

科奇亚火车 / 43

水路纵横 / 45

历史上的城市娱乐 / 48

建设"花园城市" / 51

第三章　科伦坡港：因港而荣
早年的港口 / 57

科伦坡传　COLOMBO

阿西夫·侯赛因（Asiff Hussein）

现代化的港口 / 61

商人云集生意忙 / 66

迁移：从海上到陆地 / 69

科伦坡的第一印象 / 72

"一带一路"：港口城市崛起 / 74

第四章　要塞区：曾经的中心

葡萄牙要塞 / 79

荷兰要塞 / 82

英国人统治下的要塞区 / 85

倒塌的墙 / 88

留存至今的要塞遗址 / 90

街名及起源 / 92

树木成行的街道 / 95

国王宫 / 97

商业中心 / 101

宝石天堂 / 107

查塔姆街：最繁华的街道 / 112

受欢迎的中国城 / 115

第五章　贝塔区：科伦坡的大市场

早期的贝塔区 / 121

贝塔印象 / 127

时尚居住区 / 130

　　　　老市政厅 / 136

　　　　巨大集市 / 138

　　　　商业里的生活 / 142

　　　　街边商铺的繁华 / 145

第六章　奴隶岛：没有奴隶亦非岛

　　　　贝拉湖中的一块小岛 / 149

　　　　街市与移民 / 152

　　　　基尤花园 / 157

　　　　美食家天堂 / 160

　　　　多彩的娱乐 / 162

　　　　商业因贝拉湖而聚 / 165

第七章　可培提：科伦坡最繁华的地区

　　　　波尔瓦特"椰子园" / 171

　　　　昔日可培提：伊甸园、蝴蝶和昏暗灯光 / 176

　　　　著名居民区 / 178

　　　　树庙 / 182

　　　　可培提市场和超市 / 184

　　　　自由影院 / 187

　　　　远离喧嚣的高端商业 / 189

第八章　邦巴拉皮提亚：科伦坡最热闹的地方

　　　　邦巴拉皮提亚公寓 / 195

中国龙饭店 / 198

繁华的商业活动 / 199

第九章　威拉瓦特：充满生命力的跃动

曾经的安静小镇 / 205

从荒凉小镇到地产热土 / 209

萨伏伊影院 / 211

第十章　哈夫洛克镇：城中的安宁一隅

"小镇"里的"城市" / 215

哈夫洛克公园 / 217

安德森密码破解中心 / 218

第十一章　肉桂花园：精英范儿住宅区

曾经真正的肉桂种植园 / 221

肉桂花园初印象 / 224

隐秘仙境 / 229

维多利亚公园 / 231

科伦坡博物馆 / 236

科伦坡赛马场 / 239

赛马场机场 / 243

市政厅：科伦坡引人注目的特色之一 / 245

具有象征意义的独立广场 / 246

第十二章　博雷拉：实用性强的商住两用区

"石头堆" / 251

宏伟住宅 / 253

坎贝尔公园 / 256

被称为"白宫"的综合医院 / 258

值得称道的女士医院和儿童医院 / 261

第十三章　德马塔戈达：最新的新区

当时的大花园 / 265

库皮亚瓦特墓地 / 268

第十四章　马拉达纳：种植园和花园

马兰丹肉桂花园 / 271

上校花园 / 275

塔楼剧院 / 277

中国商店红红火火 / 280

第十五章　赫尔夫多普：法院的代名词

科伦坡法官的住所 / 283

以法院闻名 / 285

摩尔人定居点 / 287

生活在瑟鲁夫 / 288

美食与街头叫卖 / 291

第十六章　科塔赫纳：百年前的繁忙地

"矮树林地"或"树桩荒地" / 295

金图皮提亚圣托马斯教堂 / 296

圣卢西亚大教堂 / 299

第十八章　格兰帕斯：运河流动的"集结地"

格兰帕斯：渡轮与桥 / 303

船桥与铁桥 / 306

第十九章　穆特瓦尔：科伦坡的水上入口

水上入口 / 309

拉萨穆纳坎达海盗 / 312

惠斯特平房 / 315

乌鸦岛 / 317

风景优美的印象 / 319

中国与斯里兰卡：古往今来悠久的友好关系 / 321

前　言

科伦坡，位于锡兰岛西南岸，濒临印度洋，是斯里兰卡的首都，也是斯里兰卡最大的城市与商业中心，是进入斯里兰卡的门户，素有"东方十字路口"之称。从中世纪起，这里就是世界上重要的商港之一，在世界上享有盛誉。这座历史与现代、新与旧并存的城市，优雅美丽而热闹祥和。

科伦坡曾是苏伊士运河以东最发达的城市之一。从可培提到肉桂花园，人们仍然可以看到殖民时期的豪宅，回想起这座城市昔日的辉煌。没错，科伦坡非但荣光依旧，还变得更加璀璨了。这一点，从老维多利亚公园到新克劳岛海滩公园，可见一斑。东方大酒店、加勒菲斯酒店等殖民时期的老品牌，历久弥新。嘎拉达瑞、华美达、香格里拉、加勒菲斯一号等锡兰[①]独立后新落成的酒店，为崇尚现代风的来客提供了更多选择。

在这本书中，我们追溯了这座城市的演变，并分别介绍各个区域。科伦坡的区域划分以邮政服务区为依据，常用于商业场所的地址名牌。对于普通读者来说，按照15个邮政服务区来了解科伦坡，要比按照为了选举

[①] 1948年2月获得独立，定国名为锡兰。1972年5月22日，改称斯里兰卡共和国。1978年8月16日，改国名为斯里兰卡民主社会主义共和国，简称斯里兰卡。本书为尊重历史原文，保留部分"锡兰"旧称。（译者注）

代表或行政管辖而设的选区来了解更容易一些。

过去，科伦坡并非城镇或城市，而是由不同居民区组成的"大杂烩"：一座堡垒、一个市场和几个以地区特有植物命名的小村庄。科伦坡有大量以树木、花园甚至水果命名的地点。在城镇化浪潮中，那些曾贵为地名的植物早已被沥青、砖块和混凝土所替代，但地名还是被沿用下来。

如今，科伦坡已高度城镇化。然而，无论在它的闹市区还是郊区，仍然留存着独特的美丽。加勒菲斯法院等标志性建筑和谐并立，勾勒出科伦坡的天际线。老一辈人常抱怨，如果大街上的车少一些，也没有那么多路标和广告牌影响建筑的美，那么科伦坡定是个宁静而美丽的地方。

我们希望通过这本书，让读者全面了解科伦坡的历史变迁，了解它如何从昔日的小港湾发展成为大都市，了解它在海上丝绸之路上的美丽故事和"一带一路"建设中的未来畅想。

COLOMBO
THE BIOGRAPHY

科伦坡 传

第一章 从一座城讲起

凯拉尼河是科伦坡的母亲河。从凯拉尼河谷到斯里兰卡西海岸，人类沿河而居，形成了一个个居住群落。在入海口处，港口应运而生，一艘艘满载肉桂等香料的驳船沿着凯拉尼河，一路向西驶入科隆托塔港。在那里，香料被装上外国船，远销国外。

一路向西的凯拉尼河在科伦坡最北端的穆特瓦尔北部流入大海，将科伦坡与其他城市分隔开来。就像世界上的很多大城市一样，科伦坡也傍水而生。

"科伦坡"的由来

最初,只有港口名叫"科伦坡",后来要塞区、贝塔区等区域也被称为"科伦坡"。随着时间的推移,整个城市都成了"科伦坡"。

至于这个名字是怎么来的,有很多种说法。阿拉伯人和中国与斯里兰卡一直有海上贸易往来,"科伦坡"这个词最早出现在阿拉伯语和汉语著作中。中国元代航海家汪大渊在《岛夷志略》一书中提及了1330年左右他访问斯里兰卡的见闻。书中他将科伦坡称为"高朗步",在那里,他看到:"大佛山之下,湾环中,纵横皆卤股石。其地湿皋,田瘠,米谷翔贵。"

摩洛哥旅行家伊本·白图泰在其著作《图法特·阿努扎》(1358年)中写道:"我们去了萨兰德布最发达、规模最大的城市之一——卡兰巴。"在"卡兰巴",他看到,"海洋王子"达贾尔西身边约有500名阿比西尼亚随从。

很多人认为,"科伦坡"一词源自僧伽罗语,意为"茂密的芒果树"。但是,这个词到底是怎么来的,人们知之甚少。它很可能来源于民间,最初的含义早已失传。后来,人们根据自己的理解来解读。

相传,"科伦坡"一词源于要塞区军需街上的一棵不结果的百年芒果树。如果这是真的，那么"科伦坡"一词可能是指只长叶子不结果的芒果树。H.A.J.胡鲁嘎勒在《科伦坡市议会百年纪念册》中提到了"科伦坡"城市名的由来。他说："在圣劳伦斯角和军需街附近，矗立着一棵历经好几代人的、繁茂的老芒果树。它光长叶子，不结果子。在海上，远远就能看见芒果树浓密的树冠。"

英国人罗伯特·诺克斯曾是坎迪亚王国的俘虏。在其著作《锡兰历史关系》（1681年）中，他赞同胡鲁嘎勒的说法。他写道："科伦坡的城市名源于芒果树（Cola-ambo）。那里，有一棵芒果树，只长叶子不结果，因此被称为'茂密的芒果树'。后来，殖民者为了纪念哥伦布，将其改为'科伦坡'（Columbo）。"

另外一种说法是，很早以前穆斯林就开始广泛使用"科伦坡"这个城市名了。詹姆斯·艾默生·坦恩在《锡兰》一书中指出，"科伦坡"一词源于摩尔人。他说："僧伽罗人向来不喜航海。对他们而言，什么锚地、岬角都无足轻重。于是，在12世纪和13世纪，摩尔人占据了海滩和港口，并更名为'卡兰巴'，从而切断了科隆托塔或凯拉尼渡口与凯拉尼河这一词源的关联。"伊本·白图泰指出，后来葡萄牙人"高兴地发现，新据点的名称与哥伦布的名字是如此相似。于是，他们干脆把'卡兰巴'改成了'科伦坡'，原来仅仅指要塞区"。

500年前，葡萄牙人抵达科伦坡。他们驱逐了摩尔人，但却将城市名保留了下来，这也许是因为"科伦坡"与他们心目中的英雄——为西班牙王室服务的热那亚航海家哥伦布的名字极其相似。有一些人甚至以为是哥伦布发现了斯里兰卡。例如，1687年，比利时医生埃吉迪乌斯·达尔曼斯曾到访斯里兰卡。他在《改革的医术》一书中写道："意大利人克里斯托弗·哥伦布是第一个发现斯里兰卡的人。因此，斯里兰卡最大的城镇以'哥伦布'命名。"

荷兰人的科伦坡臂章。臂章上的图案是一棵芒果树。

　　荷兰人赶走葡萄牙人后，开始殖民斯里兰卡。荷兰人不喜欢哥伦布，也不喜欢罗马天主教堂。因此，他们将传说中的无果芒果树作为科伦坡的象征和臂章图案，还加了一只白鸽。在科伦坡的荷兰硬币上，也有这个图案。

　　他们认为，哥伦布可能从未到过斯里兰卡。约翰·沃尔夫冈·海德特在其著作《非洲和东印度的地理地形》（1744年）中写道："科伦坡的要塞区是整个锡兰岛的首府，由荷兰东印度公司管辖。荷兰东印度公司扎根锡兰岛西部，是具有国家职能的商业公司。时至今日，有许多人认为哥伦布最先发现了斯里兰卡西海岸，'科伦坡'这个名字源于哥伦布。但是，目前还没有任何证据可以证明这一点，也无人能证明哥伦布曾经来过这里。"

　　然而，"科伦坡"这个名字的由来，还有其他的说法。如前所述，对"茂盛的芒果树"这一名字的解释，可能是民间演绎的结果。在今天看来，

约翰内斯·拉赫绘画《科伦坡风景》

以"哥伦布"的名字命名也不确定。那么,"科伦坡"会不会仅仅意为港口呢?

1847年,艾列特博士在《西蒙殖民杂志》上发表论文《锡兰及其主要城镇》。文中写道:"在僧伽罗语中,'Colamba'一词意为'海港'和'要塞'。所以,'科伦坡'这个名字似乎是根据其地理位置而命名。"

1930年,朱利叶斯·德拉内罗勒在《皇家亚洲学会杂志》上发表论文《锡兰地名》。他认为"卡兰巴(科伦坡)"不是一个专有名词,而是泛指港口、渡轮、港湾或避风港。

他指出,曾出版僧伽罗语法著作的学者西达·桑加拉认为"科伦坡"一词来自本土语言。他认为,卡兰巴(kolamba)的词干形式是kol,来自印度本土语言(例如,在Tulu语中,kolli表示"海湾";在印地语中,kol表示小溪或海湾)。

朱利叶斯·德拉内罗勒说："在渡轮停泊之处，水自然是浅的。离锚地较远的地方，水就深些。即使是在今天，离渡轮较远、水更深的地方仍被称为迪亚姆巴（diyamba）。过去，似乎也有一个类似的词来表示浅水区。我更愿意相信，这个词正是现在被遗忘的卡兰巴（kolamba）。"他认为，卡兰巴后来被用于泛指渡轮或港口。

还有一种可能，就是科伦坡的僧伽罗名"科隆托塔"起源于凯拉尼托塔或凯拉尼河港。在古僧伽罗语中，"托塔"一般意为"轮渡"，也意为"港口"。

然而，如果这是真的，港口到底在哪里？是在目前科伦坡港所在的加勒巴克北部地区，还是凯拉尼河的入海口，还是在贝塔区的某个地方？

一位步枪队的军官在其著作《锡兰概述》（1876年）中写道："科伦坡的旧称和原址源于凯拉尼河畔的小村庄——凯拉尼托塔。村庄位于如今的贝塔区，距离港口约四英里。"

保罗·E.皮埃尔斯在《锡兰：葡萄牙殖民时代》（1913年）一书中，对此观点表示赞同。他写道，当时的科伦坡被称为"科隆托塔"，"就目前所知，僧伽罗人口集中的科隆托塔是科伦坡的一部分，北至班克肖街，东至第四十字街，南至马利班街，西至前街，面积约为今天贝塔区的一半。它南北两面临水，西面有沼泽，大部分土地在东面"。

因此，贝塔区的中心可能就是旧时的科隆托塔。它北面临海，经常有船只出没，如今成了科伦坡港的前滨。

荷兰人将贝塔区称为"老城"。这表明，贝塔区比西边的要塞区年代更为久远。因此，将贝塔区视为早期的科隆托塔是有据可循的。

还有一种可能，卡兰巴指的是荷兰人建堡垒的半岛，因为贸易点从贝塔区一直延伸到如今的要塞区。从这一点就能解释清楚，为什么早期的欧洲列强将要塞区称为科伦坡了。

科伦坡港旧日风光

然而，有没有可能，港口是根据另一条河流而非凯拉尼河命名的呢？

例如，S.G.佩雷拉神父认为，"科伦坡"一名源自凯拉尼河支流科隆河。后来，科隆河被拦腰筑坝，形成了贝拉湖。他说："科隆河的命名并非出自作家之笔。在僧伽罗语中，科隆托塔就是指科伦坡。我总是在想，就像金河在金托塔入海，卡鲁河在卡鲁托塔入海一样，那么，在科隆托塔入海的也必定是科隆河。"

他指出："科伦坡以西群山环绕，有沃尔文达尔山、霍尔茨多普山和圣塞巴斯蒂安山。群山两侧都是低地。山脉和凯拉尼河之间是沼泽地，一条小河从沼泽地蜿蜒而过，将港口一分为二。小河是凯拉尼河的分支。在纳加拉甘，小河从凯拉尼河分流而出，被称为'大岔口'。这条小河一路向西，在一个岛屿处被一分为二。那个小岛叫美达杜瓦岛或中岛。当小河流到山脚下时，它掉头向南，沿着圣塞巴斯蒂安山和德马塔戈达山之间的豁口越过山谷，沿着湖泊，也就是如今的铁路线，悠闲地流入凯曼门附近的大海。后来，小河被拦腰筑坝，形成了贝拉湖。"

还有一种可能，就是早期的马来人将斯里兰卡的商业中心命名为科伦坡。在古典文学中，称为"科隆托塔"，简称"科隆港"。厄里色海周边地区将东南亚船只叫作"科隆船"。在中国史书中，非中国船被统称为"昆仑船"。"科隆"一词可能来自"昆仑"。具体地说，"昆仑人"指坐船到华南的人，很可能是马来人。

在中国史书中，东南亚的船只由两根完整的原木捆在一起制成，非常像大洋洲的双排独木舟。其中，有些多桅船身长50米，载重600吨。早在公元前3世纪，来自马来群岛的昆仑水手就在中国广为人知。有证据表明，早在公元前1世纪，昆仑水手就在东非海岸定居。据说，自罗马帝国时代起，讲马来—波里尼西亚语的群族在马达加斯加海岸就有了永久殖民地。时至今日，他们仍在那里生活。

因此，很可能是古时途经斯里兰卡的马来水手将科伦坡称为"科隆托塔"或"科伦坡"。

科隆还是一种树木的名称。还有一种可能，"科隆托塔"只是指用科隆木建造的码头。早期的科伦坡港很可能就只有个简陋的木码头。这一点在英国王子赞助亨利·帕克收集出版的《锡兰乡村民间故事》（1910年）中可以找到佐证。在书中，托塔码头被称为"新托塔"。

无论名字出自哪里，"科伦坡"一直被沿用至今，是我们了解这个城市的关键词。科伦坡之所以从很久以前就贵为首都，一方面是因为它坐拥港口，另一方面是殖民斯里兰卡的欧洲列强对它格外重视。

港口贸易点

在海洋和河流交会之处建设港口，发展贸易，是个颇具远见的决策。随着时间的推移，科伦坡的地位必将日益显著。傍海而建，使进出口贸易成为可能；依河而居，岛内的农产品也能通过水运输送到港口。在殖民统治的鼎盛时期，殖民者就充分利用科伦坡依河傍海的地理优势，优先发展商业。也正是因为这个原因，历届殖民政府都将科伦坡作为殖民地首府。

1505年，葡萄牙贵族多姆·劳伦科·德·阿尔梅达带领的一支葡萄牙舰队，被风吹进了科伦坡港。后来的史实证明，这场偶遇使科伦坡的命运发生了巨变。当时，科伦坡只是个鲜为人知的贸易点。不过，在葡萄牙人到来之前，科伦坡的区位优势已十分凸显：临海，可进口货物；傍河，可将国产货品运到港口出口。

在科伦坡修建堡垒，保障贸易安全，特别是保障肉桂贸易的经济利益，为日后科伦坡发展成为国都打下了基础。随着时间的推移，科伦坡从一个设有防御工事的贸易点发展成为殖民地城市，最终成为一国之都。1982年之前，科伦坡一直都是斯里兰卡的首都。

葡萄牙人登陆斯里兰卡，纯属偶然。在阿拉伯语中，斯里兰卡（锡兰）为"赛兰"。于是，葡萄牙人便根据阿拉伯人的发音将锡兰岛称为

约克街，左边是维多利亚雕像，右边是东方大酒店。

"塞伊拉奥岛"。1505年11月，果阿总督的儿子多姆·劳伦科·德·阿尔梅达率领九艘船，扬帆启航，目的地是马尔代夫群岛。他们意图效仿十字军东征，打算半路拦截前往圣城麦加的穆斯林船只。

然而，葡萄牙船队半路遭遇强风，被迫驶入加勒港。随后，船队沿着海岸线行驶，经过两座白色清真寺和疑似穆斯林所拥有的帆船后，抵达科伦坡，抛锚上岸。葡萄牙人将穆斯林称为"摩尔人"，因为在穆斯林殖民西班牙时期，穆斯林侵略者被当地人称为"毛罗斯"。

当时，斯里兰卡的君主为帕拉克拉玛·巴胡八世（约1484—1508年）。僧伽罗编年史《拉贾瓦利亚》（约17世纪）记载了卢西塔尼亚侵略者初到科伦坡的情景："在科伦坡港口，来了一群肤色白皙、仪表堂堂的人。他们身着铁甲，头戴铁盔，到处走动，一刻也不停歇。他们啃大石头，喝鲜血，用两三块金子换一条鱼或一个酸橙。当他们的大炮击中尤干达拉岩石时，声如雷霆。"实际上，葡萄牙人所啃的"大石头"是面

20 世纪初的要塞区

包,所喝的"鲜血"是红酒。

其实早在殖民者入侵之前,鼎盛时期的罗马帝国及在君士坦丁堡建立的东罗马帝国时期,西方世界就通过科伦坡与斯里兰卡进行往来。

从 10 世纪到 15 世纪,阿拉伯人是东方海上贸易的主角。他们的混血后代摩尔人,在东方海上贸易的重要停靠港——科伦坡继承了祖辈的衣钵。1505 年,当葡萄牙人登上斯里兰卡时,摩尔人已成为主宰科伦坡的重要力量。

早期,科伦坡被视为摩尔人的贸易点。科伦坡港位于凯拉尼河谷肉桂产区的中心,离凯拉尼河入海口很近,经常停靠着来自中国、波斯、印度和阿拉伯的船只。从事香料贸易的阿拉伯商人获得了斯里兰卡国王的许可,在港口附近的沼泽地旁建起了仓库和住所,定居下来。后来,沼泽地被排干,形成了现代城市。

1948 年殖民统治结束时,科伦坡不仅是首府,还是锡兰的商业中心,是大型贸易公司的总部基地。因此，它是锡兰最发达、西化程度最高的城市，极易受外界影响。

科伦坡之所以发展如斯，一是因为它被西方列强选为殖民地首府多年，二是它靠近港口和海岸。它是锡兰岛上第一个引进煤气灯、电、有轨电车、汽车、电话、现代供水、排水和污水处理系统的城市，也是第一个建立市政厅的斯里兰卡城市。科伦坡张开双臂，热情拥抱送到家门口的现代文明。

COLOMBO
THE BIOGRAPHY

科伦坡 传

初现雏形

第二章

虽然葡萄牙殖民者登陆斯里兰卡纯属偶然，但他们选择科伦坡作为首府，绝非偶然。在殖民统治早期，科伦坡就具备了成为首府的所有要素。它坐拥新兴海港，方便殖民者通过军事力量立足斯里兰卡。对于海上帝国葡萄牙来说，科伦坡作为首府，是最好的选择。后来，荷兰和英国殖民者也沿袭了葡萄牙的做法。

在斯里兰卡的商业发展中，科伦坡港发挥着重要的作用。欧洲殖民主义的目的是盘剥殖民地资源，为皇家或公司实现利润最大化。科伦坡港有繁荣的商业区，出口肉桂等岛内珍贵的货物。殖民者不但盘剥岛上的资源，还挤走了原来垄断出口贸易的商人。

建造要塞 打好基础

科伦坡曾被视为光怪陆离、不接地气的城市。在过去,对于穷人来说,进城很不容易,也很费钱。村民们习惯了忙碌的生活,也无意进城游玩或寻找更好的发展机会。然而,这并不意味着村民们就不想了解科伦坡。毕竟,他们的好奇心很强。

1750年左右的科伦坡乌特维特乡村豪宅

阿卡迪亚斯在《二十世纪四十年代的乡村生活》(2012年)一书中,谈到了20世纪40年代前后普通村民对城市生活的看法,"村民们听说,科伦坡是锡兰岛的大城市,但没几个人去过。因此,他们对科伦坡有着各种奇怪的想象。这些不实传闻在村民中传来传去,像滚雪球一样越来越夸张,以至于完全失真。然而,对于这些传闻,有些农民深信不疑。但凡有去过科伦坡的人吹嘘进城的经历,身边总有人听得津津有味。讲故事的人经常挥动着双手,添油加醋。比如,他会说:'你知道吗?科伦坡的天空不是蓝色的,而是红色的,非常迷人。'"

J.维贾亚通加在其力作《兰卡岛》(1955年)中写道:"上小学的时候,在我眼里科伦坡就像伦敦一样遥不可及。每当看到在科伦坡工作生活的人回乡度假时,我们都会觉得有些不真实。当问他们在哪里工作时,他们会简洁地答道'科伦坡',那种神情好像在说:'把科伦坡的壮美告诉这些乡巴佬有啥用?'我们知道,最高法院的法官、州长和其他牛人都住在科伦坡。虽然我们去过城镇、集市,甚至加勒,但我们还是想象不出来,科伦坡到底是怎样的城市。"

1505年(有人说是1506年)葡萄牙人抵达科伦坡时,科伦坡只是个小海港,出口肉桂等珍贵货品。肉桂最早是在斯里兰卡发现的,被誉为"万众瞩目的新娘"而声名远扬,《天方夜谭》中也有提及。肉桂在欧洲市场上供不应求。在没有冷藏技术的时代,肉桂不仅是调味品,也可充当防腐剂。

实际上,葡萄牙人初到科伦坡之时,首先映入他们眼帘的是大量的商船。加斯帕尔·科雷亚在其著作《印度传奇》(16世纪初)中写道:"劳伦科被派往马尔代夫的外海巡航。但他的船员不懂洋流,在海上航行了18天后,没找到马尔代夫,却发现了斯里兰卡及其重要港口科伦坡。劳伦科带着他的船队驶入港口,发现到处都是来自各地的船只和商人。"

不久后，葡萄牙人说服了港口所有者科特国王，允许他们在港口建工厂做贸易。随着时间的流逝，工厂逐渐演变成了要塞，遮掩殖民者掠夺斯里兰卡资源的野心。要塞的建立，对斯里兰卡产生了深远的影响。一方面，它让葡萄牙人能够在岛上站稳脚跟，以推行其殖民计划；另一方面，它推动了科伦坡港的发展，使之成为成熟的首府。在某种意义上，葡萄牙人修建的要塞，是科伦坡发展为现代都市的滥觞。时至今日，科伦坡1区指的就是要塞区。

乔奥·里贝罗上尉在其著作《锡兰史》（1685年）中曾提及科伦坡的要塞："起初，科伦坡只是一个四周围有栅栏的工厂。很快，厂区便扩建，变得更大了。随后，葡萄牙人建起了要塞。后来，要塞便慢慢发展，成了美丽宜人的城镇，拥有12个堡垒和一个露天广场。在很长一段时间里，要塞的城墙都是夯土砌成的。墙根下有条护城河，连着湖泊。湖像一把巨大的锁，把小镇三分之一的地界都锁住了。"

事实上，葡萄牙人建的要塞和城堡似乎并不像人们想象中的那样坚固，只有近海的那部分比较牢固。菲利普斯·巴尔代乌斯在其著作《贝斯里温》（1672年）中描述了葡萄牙人围攻科伦坡的场景。他写道："尽管我们有足够的时间在临海的加尔沃将城墙合围，但我们的防御工事不尽如人意。加尔沃那个地方只能乘小船到达。一旦在那里建起城墙，整个要塞将固若金汤。然而，他们却在那里种上了椰子树和棕榈树。这些树很快就会被海浪冲走。堡垒本应用石头砌成，然而，目前的城墙是用夯土砌的，并不结实，很容易就被洪水冲毁。"

荷兰殖民时期：要塞城镇

1656年，荷兰人赶走了葡萄牙人。殖民政权的更替，对这座羽翼未丰的小城影响巨大。科伦坡在此阶段逐步发展起来。荷兰统治者加固了西城墙，也就是现在的要塞区；拆除了老城贝塔区的城墙和葡萄牙人建的防御工事。然而，葡萄牙人在科伦坡东部的凯曼门附近建的泥墙被保存了下来。直到英国殖民时期，这段泥墙都屹立不倒。

在葡萄牙人投降之前，荷兰人对科伦坡进行了长达7个月的围攻。在战火中，许多建筑被夷为平地，现在已找不到任何葡萄牙殖民时期的建筑。个别幸存的建筑，也在后来的城镇建设中被一一拆除。早期，葡萄牙人建了许多碉堡，防御工事武装到了贝塔区，占地面积达到当时城市面积的三分之一。荷兰人拆除了许多碉堡，加固了临海的防御工事，形成了我们今天看到的要塞区边界。

科伦坡四周丘陵环绕，在葡萄牙殖民时期，这些山有个浮夸的名字：圣劳伦斯山。通往山顶的路叫圣奥古斯丁路，路边种满了椰子树。葡萄牙人曾在圣劳伦斯山顶上盖了一座修道院，但之后荷兰人将山夷为平地，堡垒连同土地也被整平，并将葡萄牙人修建的窄路进行拓宽，让城市规划更合理，交通设施得到改善。其中，有一条街叫直街，起于葡萄牙要塞区，

荷兰船

终于贝塔区王子街末端的皇后门。直街被拓宽后,改名为国王街,在英国殖民时期再次更名为主街。

两座由葡萄牙人修建的外围堡垒被重新命名后保留了下来。僧伽罗国王曾帮助荷兰人驱逐葡萄牙人。因此,在一段时间内,贝塔钟楼附近的圣埃斯塔沃堡被称为拉贾辛哈堡。原来的圣约翰堡位于如今的鱼市附近,重建后被命名为维多利亚角。

然而,即使在荷兰殖民的晚期,科伦坡仍仅指要塞区。贝塔区、科塔赫纳区、奴隶岛和可培提等都被视为郊区或城外。直到英国殖民时期,要塞区东部、南部和北部的这些地区才被纳入新科伦坡市。

英国殖民时期：城市扩张

1796年，英国接管科伦坡，对科伦坡的发展产生了深远的影响。在荷兰殖民者统治下，科伦坡只是个设有城防的小镇。在英国人的殖民统治之下，科伦坡先后将其北部、南部和东部周边地区收入囊中，扩张到如今的规模。当然，这是个循序渐进的过程。

即使在英国殖民早期，科伦坡这个名字似乎也只是指要塞区。在某些情况下，科伦坡也含附近的贝塔区。虽然那儿也住着许多荷兰殖民时期迁至此的欧洲人后裔，但贝塔区仍被视为本地商人的地盘。

1859年，艾默生·坦恩爵士的力作《锡兰》出版。作者指出，科伦坡堡由荷兰人建造，至今仍屹立不倒。它由"四个陆地堡垒组成，设有反陡坎和渡鸦；在海岸线上，有七个面朝大海的炮台"。然而，没过多久，随着商业活动和自由贸易风生水起，19世纪60年代末，英国人推倒了城墙，填平壕沟，要塞的城防不复存在。从1869年到1871年的短短几年内，堡垒被拆除殆尽。这给科伦坡的发展带来了深远的影响。

约翰·弗格森在其著作《早期英国对锡兰的殖民统治》（1903年）中写道："在20世纪60年代，堡垒城墙被拆除之前，科伦坡堡几乎没有发生什么变化。我们老一代居民，还记得那些关于古堡大门和太平门、护

20 世纪初的科伦坡港入口

城河、吊桥和城墙的趣事。我们会从可培提那头穿过吊桥,穿过米德尔伯·里堡下的拱门,向哨兵致敬。"

初来乍到的英国殖民统治者承袭了荷兰殖民者的惯例,默认科伦坡为主要要塞区,有时也指贝塔区的周边地区。19 世纪 30 年代,一位美国传教士写道:"科伦坡是个设有城防的城镇或堡垒,周长 1.25 英里。墙内有数百栋房屋和宽阔的街道。科伦坡堡配有三百门重型大炮,七座堡垒。它位于一个岬角上,北面海湾,小船可以停靠在湾内,但大船只能停泊在开阔的港口。"海湾环抱着贝塔区及其郊区,居民主要为荷兰人和葡萄牙人。贝塔区以东至树林那片区域皆为本地人聚居的地区。

"科伦坡堡正南面是一条南北向的大路,路边是美丽的沙滩。在岸边,椰树婆娑,林立着各式各样的私人府邸,既有英国绅士的高雅住宅,也有本地人盖的奇异宅邸。住宅后面是肉桂花园。"哈丽特·沃兹沃思·温斯洛夫人的回忆录写道。

大约在同一时期,威廉·罗斯琴伯格在其著作《环球航行》(1838年)中,有一幅 1835 年的斯里兰卡素描。从图中可见,科伦坡位于斯里兰卡西海岸,城区一分为二:一个区在堡内,另一个区在堡外——贝塔区。

20世纪初科伦坡市中心的一条街道

由此可见,至少在民众心中,科伦坡最初指的是要塞区,后来才包括贝塔区的郊区。早在英国时代,尤其是在要塞区的城墙被拆除之后,贝塔区与要塞区便紧密联系在一起。两个区地势平坦,与附近的丘陵地区截然不同。贝拉湖堤将这两个区与其他地区隔绝开来。

然而,直到1865年或1866年科伦坡市议会成立时,科伦坡的地界才得到划定。那时,科伦坡市已扩至锡兰岛腹地,包括要塞、贝塔、奴隶岛、可培提、圣保罗、圣塞巴斯蒂安、新巴扎、马兰丹和科坦奇纳9个区。市议会成员都是从这9个区选举出来的。从英国作家阿拉斯泰尔·麦肯齐·弗格森的力作《锡兰纪念品》(1868年)中,我们了解到科伦坡市的边界在距离女王宫4英里之处,从那里又向北延伸到穆特瓦尔。彼时的科伦坡市最远两端的距离为8英里,面积约为10平方英里。

贝塔区是首个并入科伦坡市的郊区,是科伦坡不可分割的一部分。许多供职于政府的荷兰和其他欧洲血统的伯格人居住于此。贝塔区还是个商业中心,各种商品应有尽有,有本地的,也有摩尔商人进口的。

城市旧风光

19世纪中叶，科伦坡成了炙手可热的停靠港。博赫拉等印度裔贸易社区也开始向贝塔区迁移，进一步巩固了其商业中心的地位。随着岁月变迁，要塞区以南、可培提以外的地区被纳入科伦坡。1911年，威拉瓦特被纳入科伦坡市。20世纪60年代，科伦坡市的面积达8995英亩。

科伦坡的城市化对郊区和农村产生了巨大影响。威拉瓦特、博雷利亚、哈夫洛克在被纳入科伦坡之前，都曾是郊区或边远地区。这些地区的街道大多以植物命名。这表明，城镇化对本地植被产生了巨大的影响。

现代都市大熔炉

1865年科伦坡市成立之时，正值英国殖民斯里兰卡的鼎盛时期。科伦坡市议会是锡兰岛上的首个市议会，听命于总督，代表英国皇室行使权力。它将权力下放，居民可以参与地方事务，对城市管理有发言权。它的成立，表明英国殖民统治者对斯里兰卡自治的信任。

科伦坡市议会成立之初，议员来自要塞区、贝塔区、奴隶岛、可培提区、圣保罗区、圣塞巴斯蒂安区、新巴扎区、马兰丹区和科坦奇纳区等9个选区。

然而，凭借财力和影响力而当选的市议会议员并不能充分代表本地人的利益。正如理查德·摩根爵士在其日记中所说，"议会中的律师太多，富人太多。"但他也坦陈："贝塔区的居民大多来自富人阶层，理应得到足够的代表席位。"

1866年1月中旬，莱亚德主席主持召开市议会首次会议，拉开了科伦坡漫长曲折的城市史。科伦坡之所以能跻身亚洲最好的城市之一，这些议员功不可没。

科伦坡一直都是个兼收并蓄的混居区。古时候，罗马人、阿拉伯人和中国人都到过这里。

罗伯特·珀西瓦尔上尉在其著作《锡兰纪实》（1805年）中，是这么描述科伦坡的："世界上没有哪个地方会同时使用这么多语言，也没有哪个地方会有如此多的民族、风俗和宗教。在镇上，除了欧洲人和土著僧伽罗人，你还会遇到来自亚细亚各个种族、各个阶层的人。摩尔人、马拉巴人、特拉瓦科里亚人、马来人、印地安人、印度教徒、中国人、波斯人、阿拉伯人、土耳其人、马尔代夫人、哈维人和来自所有亚洲岛屿的土著，在这里都能看到。除了混血儿，还有一些非洲人、卡弗里斯人、亚非混血的布加内斯人。"

事实上，科伦坡还给一个规模很小、但对斯里兰卡做出巨大贡献的印度商业社区起了专门的名字——科伦坡切蒂。在过去几百年里，这些印度商人以斯里兰卡为家，个人命运与这个国家紧密相连。他们当中有很多名门望族，如坎达帕斯家族、奇提斯家族、穆图克里希纳家族和翁达杰斯家族。他们不仅经商，还涉足其他领域，为国家做出了巨大贡献。

马诺·穆图克里希纳在其回忆录《马诺拉巴伊》（2013年）中提到了她的父亲——创办理工学院的劳里。书中写道："我父亲是个传奇人物，个性鲜明。他穿的衣服不是典型的传统服装（甚至不是斯里兰卡服装），略有狄更斯的范儿，是独一无二的劳里风。他戴着一副角质圆框眼镜，身着翼领衬衣、白背心和白色长礼服。他总是随身携带一把紧紧卷好的黑色雨伞——这是他致敬科伦坡切蒂祖先的一种方式。"

生活的空间艺术

在葡萄牙殖民时期,虽然整个斯里兰卡都在葡萄牙治下,但要员还是集中居住在要塞区,仅有个别大胆的人曾到要塞外居住,但也没敢建造永久住所。这是因为,来自西塔瓦卡的拉贾辛哈一世和来自坎迪的拉贾辛哈二世等本土领袖多次起义,当地居民也不甘被人统治。虽然个别欧洲殖民者曾在要塞外盖起过房子,但最终也没留存下来。

在荷兰殖民时期,联合东印度公司掌管斯里兰卡沿海地区。荷兰人对历任斯里兰卡国王比较了解,经常派遣使团出使旧都康提,向国王赠送礼物,并自称为"真心为国王驻守海岸的人"。可以说,在科伦坡,荷兰人更有安全感。因此,他们在要塞区和贝塔区都建造了宫殿式的房屋,并称为老城。其中一座建筑位于王子街,作为荷兰时期的博物馆保存至今。此外,更多这一时期的建筑留存到今日。

詹姆斯·科迪纳在《锡兰掠影》(1807年)一书中描绘了荷兰殖民时期的贝塔区:"小镇清洁而规整,比要塞区大。五横五纵的街道,横平竖直,直角相交,每条有半英里长。房屋前的走廊下,高柱林立,屋前还有树木。"因此,在早期的英国殖民时期,贝塔区就像西边的要塞区一样,是个居民区。不过,要塞区林荫蔽日,而贝塔区的树木要少得多。贝塔区

1890年左右的科伦坡邮政总局

人口众多，不但有荷兰伯格人，还有当地商人，居住空间比较拥挤。

然而，随着商业的日益扩张，贝塔区的主街和住宅区都变为了商业区，环境越发嘈杂。荷兰伯格人发现，这种发展与他们内心追求的平静生活非常不协调，于是便将住宅出售或出租给了新来的商人。其中，从印度拖家带口来的博拉人和密蒙人将租来的房子底层用于经商，上层用于居住，整个大家庭都住在一起。荷兰伯格人则向外迁徙，或向北迁到穆特瓦尔，或向南迁移到可培提、邦巴拉皮提亚和威拉瓦特等地，在那里盖起了大房子。

事实上，科伦坡南部在很长一段时间内都人烟稀少。而在北部，像穆特瓦尔这样的地区则被建成开阔的风景区。

在科伦坡新区，尤其是在穆特瓦尔和可培提，首批建起的是欧洲人和荷兰伯格人的大房子。阿拉斯泰尔·麦肯齐·弗格森在《锡兰纪念品》

（1868年）一书中提到过科伦坡的大房子。他说，可培提的住宅"风格有很多值得一提的地方。其中，房子里的房间宽敞高大。除了一大片由椰子树遮挡的瓦屋顶外，几乎看不到什么。椰子树成了绝佳避雷器。通常，房子是个平行四边形，在房屋每侧都有屋檐，形成了能遮风挡雨的长廊。在廊下，大人可以散步或小憩，小孩可以玩耍。走廊周围通常挂着漆成绿色的竹编器。通常，门窗都敞开着"。实际上，科伦坡人虽然躲在阴凉处，但生活与自然紧密相连。

相比之下，当地人的房屋较小，用卡布克石建造。罗伯特·宾宁·库尔斯在《波斯、锡兰等地两年游记》（1857年）一书中写道："科伦坡的建材主要为卡布克石——一种红色砾质黏土石（我相信它是腐烂的铁石）。人们用铁锹将柔软的红色黏土挖出，在太阳底下晒一段时间，黏土就会变得像石头一样坚硬。卡布克石是极好的建筑材料。公寓的底层通常用砖铺地，很难看。但荷兰人似乎无论在哪里盖房子，都采用这种风格。"

事实上，在科伦坡城里城外，仍然可以看到用卡布克石建造的房屋。特别是当墙皮脱落时，就会露出里面的卡布克石。后来，在科伦坡及其城外驻扎地的建筑用的是砖混砂浆，现在人们用的是混凝土。1963年，R.L.布罗希尔在《锡兰观察家画报》上发表了一篇题为《老科伦坡幸福家庭》的文章，让我们得以窥见科伦坡建筑的演变。

"在科伦坡人普遍采用带有图案的岩石和混凝土盖房子之前，大街上出现了石棉斜屋顶。当时，科伦坡所有的大房子都是用石灰砂浆和红土建造的，当地人将这种红土称为卡布克石。在过去悠闲的一年里，我们极少看到四周环绕着花坛的大花园，也极少看到碧绿的草坪、宽阔通风的阳台和高耸的圆瓦屋顶，那都是荷兰人的遗产……会盖荷兰风格府邸的建筑师也越来越少。过去，他们总是戴着一顶漏斗状的红色花布帽子。"

从砂石路到碎石路

条条大路通科伦坡。无论是今天,还是殖民时代,科伦坡的道路在初建之时就四通八达。第一条最好的道路出现在要塞区,然后延伸至贝塔区,形成了连通两个区的主街。

加勒路是逐步发展起来的。詹姆斯·科迪纳在其著作《锡兰掠影》(1807年)中指出:"以堡垒为起点,海岸向南延伸,地势平坦,临海公路东侧立着几栋别墅。别墅凉爽宜人,与堡垒之间交通便利。这条路以前是松软的砂石路,如今铺上了两英里的卡布克石,十分坚硬。卡布克石是沙子和黏土的混合物,非常适于铺路。"

据记载,这条路被称为可培提路。《锡兰概述》(1876年)中说:"可培提路有70英里长,路边种满了椰子树,直通加勒路。"

在横穿加勒菲斯的众多道路中,这一条通向"一个叫可培提的美丽郊区"。他说:"横穿加勒菲斯后,道路两旁是浓密的椰树林。在个别路段,两侧的树梢在路面上空连成了一片。树下长着繁花似锦、琳琅满目的灌木和果树,将道路点缀得美丽无比,四季如春。每隔几英里,路边就会出现一块空地,一幢幢有大阳台的房屋拔地而起。那是政府官员的府邸。他们白天在要塞区办公,晚上便回到这里的豪宅,休养生息。"

"在可培提路的某些路段,椰树下密密麻麻地分布着小屋子和集市。晚上,各家各户都在做饭,集市上挤满了本地人。集市上挂着小铜灯,看起来像是树林里的夜市。"

然而,最终只有加勒路这个名称幸存下来。它几乎与西海岸线相叠,从可培提一直向南延伸到最南端的威拉瓦特,因此被称为"科伦坡的大动脉"。通常,路西的住宅或商铺被称为海滨,而路东则被称为内陆。

加勒二路与加勒路平行,完全复制加勒路,以缓解后者的交通压力,故而被命名为加勒二路。

科伦坡最新建的公路叫滨海大道,从可培提一直延伸到威拉瓦特。和加勒二路一样,修建滨海大道是为了缓解加勒路的交通压力。有趣的是,建滨海大道的想法最初似乎是由总督爱德华·巴恩斯首先提出的。据说,1820年前后巴恩斯在拉维尼亚山盖了一幢海景房,提出了修建滨海大道的建议。

根据巴恩斯的设想,滨海大道将他的豪宅与要塞区的政府办公楼连接起来。在六英里长的海滨上,分布着面朝大海的高端别墅。这一提议当时被白厅否决了。

科伦坡的另一条干道是在港口前滨填海而修的填海路,连接贝塔区和穆特瓦尔。20世纪60年代左右,填海路以20世纪初科伦坡市议员的名字命名,更名为N.H.M.阿卜杜勒·卡德尔·马瓦塔路。其实,加勒二路和填海路这样的名字更能体现它们的来龙去脉。

科伦坡花了很长时间才建成如今的路网规模。即使在20世纪初,也并非所有的道路都用石头、焦油或沥青硬化。当时,很多路都是碎石路。到了19世纪末,要塞区的许多道路,如约克街、贝利街和查塔姆街等,都是硬化路。但是,科伦坡并非处处如此,尤其是在新开发的肉桂花园地区,很多道路还未硬化。贝塔区的硬化路有诺里斯路、普林斯街、凯泽尔

科伦坡旧指路牌，现藏于旧市政厅博物馆。

街和中国街；奴隶岛的硬化路有邱路、马来街、斯图尔特街和海德公园角。当时，肉桂花园只有亚历山大广场和蛇形路等几条硬化路。绿道、花道、浸礼会教堂路、吉尔福德新月路和阿尔伯特新月路等仍然是碎石路。

有些路似乎是用红土铺就的，尤其是后来演变为加勒路的可培提路。1903年12月，克拉拉·凯萨琳·罗杰斯在其著作《来自东方的信件》（1934年）中指出，科伦坡的道路是由红色黏土铺成的"庞贝红"，颜色非常漂亮。

雷金纳德·法拉在其《老锡兰》（1908年）一书中写道："当你踏上这片土地时，目光所及全是红色——红色的高楼，红色的道路，还有斯帕托德红色的火舌。"

约翰·赫斯特在其印度语著作《印度和锡兰的国家和人民》（1891年）一书中说："这是我第一次沿着科伦坡的海岸行走。我发现了一条像花岗岩一样坚硬的大路，路面凸起。修路的材料是暗红色的红土或分解片

35

麻岩。道路宽阔而美丽，右边是大海，左边是城市。沿着这条美妙的滨海大道漫步，我都懒得进城了。晚上，人们在这迷人的地方走来走去，将白天的烦恼抛诸脑后。海风从不停歇，大海变幻莫测，使得这儿的风景总是时看时新，备受人们喜爱。"

科伦坡的许多干道表面似乎都覆盖着红土或分解片麻岩，而非我们今天看到的碎石。据说，20世纪初，政府用硬扫帚将从加勒菲斯酒店到塔楼路的可培提路涂上了一层热焦油。当时，这种柏油路非常罕见，柏油只覆盖了某些路段。

市政工程师N.M.英格朗姆在一篇论文中记录了1905年他首次入职时科伦坡道路的模样："当时，科伦坡三分之二的道路被铺上了红色砾石，在要塞区和贝塔区都能找到这种石头。实际上，整个住宅区都铺上了砾石，例如塔楼路。"

"那时候，路上没有划分车道，没有手推车道，没有沥青路面，路面也没有刷漆。道路不是泥泞不堪就是尘土飞扬，少量的牛拉洒水车是唯一的养护设施。当时，科伦坡饱受沙尘暴的困扰，没有任何应对措施。加勒菲斯是个观看沙尘暴的好地点。在那里，你可以看到旋转的尘埃云像水柱一样移动，滨海路上的沙尘是红色的，中央路上是白色的。除了要塞区、可培提和肉桂花园的富人区有几条较宽的道路之外，科伦坡大多数道路都很窄，路网并不发达。"

汽车上路

早期，科伦坡的道路是供马车使用的，而不是当时闻所未闻的汽车。巴恩斯是科伦坡史上任期最长的英国总督。在他任内，马路占据了重要地位。1831年，连接科伦坡和坎迪的公路竣工，全长72英里，将咖啡种植园与科伦坡港口连接起来。咖啡种植对科伦坡的经济至关重要。1832年，亚洲首辆邮车在科伦坡投入使用，那是一辆双马邮车，由一家股份制公司所有。

19世纪初，除了轿子等老式交通工具，科伦坡街头还出现了各种各样的交通工具，如公牛车、马车和铁骑等。不仅是马，大象似乎也被用来拉车。詹姆斯·霍尔曼在其著作《环球航行》（1835年）中说："在科伦坡，大象被用来为政府拉货车和推车。"随着车流的增加，出现了交通事故。1797年7月，英国接管科伦坡后不久，发生了有记录以来的第一起致命交通事故。当时，科伦坡卫戍部队指挥官彼得·邦内沃上校在驾驶双马双轮马车经过要塞区的大门时，翻车身亡。

在科伦坡，马车是欧洲人和英国精英人士的座驾，本地人多用牛车接人拉货。市政工程师N.M.英格朗姆在一篇论文中回忆了1905年他入职市政厅时科伦坡的街景："路上来来往往的有牛车、私家马车和人力车，以及人力出租车。在要塞区城门处，看进进出出的车水马龙，马儿健硕，马夫精神，车夫打扮利索，十分养眼。当然，难免也会有丑陋的汽车和货车穿行其中，显得有点刺眼。如果笔者没有记错的话，我到达锡兰岛时，岛上只有两辆小型蒸汽汽车。由于没有备用轮胎，其中一辆车的轮胎常用椰壳纤维填充。"

然而，并不是人人都喜欢牛车。特别是在汽车和沥青路刚投入使用的时候。据悉，在战争期间，公路上的牛车数量远远超过机动车辆。还有人提出，牛车负荷大，轮胎窄，车轮晃，对柏油路面破坏相当大。

在20世纪中叶之前，科伦坡的主要货运工具是牛车。人们赶着牛车，将货物从港口运到进口商手中，或将货物直接运到店里或查尔默斯粮仓等专门的仓库。查尔默斯粮仓坐落在贝塔区，是储存面粉和其他货品的仓库，如今原址上已建起了大型停车场。20世纪初，牛车的用途发生了变化。当时，亚洲石油公司在斯里兰卡的代理商是德尔梅格·福赛斯公司。而在科伦坡，巴拉塔商人圣地亚哥·艾亚·坦比·德·梅尔是煤油独家经销商。他提议，用牛车拉着煤油，将生意做到居民家门口。

对于当时的中产阶级和底层民众而言，煤油是家庭照明和点火必不可少的燃料。将煤油卖到家门口，给他们带来了便利。彼时，富人使用科伦坡天然气和水务工程有限公司提供的天然气。

1883年，梅斯尔斯·惠特尔公司进口了科伦坡第一辆人力车。人力车慢慢成了通用的交通工具。20世纪初，科伦坡的人力车几乎都产自日本，只有少数是当地制造的。通常，这些人力车都上好了漆，车背几乎都是黑色的，个别是红色的。

人力车既便宜又轻便。据悉，人力车夫拉车跑比空手跑还快，因为车的平衡性很好，使得车夫能像在跑步机上一样跑上几个小时。自从英国产的橡胶轮胎替代日本产的木制车轮后，人力车动力更足了。

许多外国游客似乎很喜欢坐人力车。爱德华·卡彭特在其著作《从亚当峰到象岛》（1910年）中说："三轮车是科伦坡的一道风景线。它通常是由男人拉的轻便双轮马车，街上随处可见。这些光头赤脚的泰米尔车夫穿着轻便，在阳光的暴晒下，汗流浃背。他们像变戏法一样，拉着客人从科伦坡的一头小跑到另一头，车费极其便宜。"

有人则对人力车夫的能力颇有怨言。例如，雷金纳德·法拉在其著作《老锡兰》（1908年）中说："大街上到处都是穿行的人力车。我们必须找到一辆车，带我们迅速离开熙熙攘攘、杂乱炎热的闹市，到加勒菲斯去。拉我们的是僧伽罗车夫，虽然他拉的是日本车，但行事风格跟日本车夫截然不同。"

阿尔伯特·爱因斯坦也坐过科伦坡的人力车。"二战"期间，爱因斯坦和妻子埃尔莎访问科伦坡。在1922年10月底的日记中，他写道："我们乘坐着人力车在大街上疾驰。车夫力气很大，体格健壮。"这一幕，被收录进罗纳德·克拉克著的《爱因斯坦：生活与时代》一书中。

自行车很晚才出现在科伦坡街头。对于自行车的出现，人们似乎感到有些惊讶和怀疑。布洛克·艾略特在其著作《锡兰实录》（1937年）中记录了自行车被引入科伦坡后的一幕，"当骑自行车的人第一次经过科伦坡的某所房子时，阿亚就在花园里大喊道：'看，女士们，看！'她兴奋地对女主人喊道：'有人能坐着行走！'"

在畅通无阻的道路上骑行是一种享受。马诺·穆图克里希纳在她的回忆录《马诺拉巴伊》（2013年）中回忆道："我与闺蜜一起，沿着加勒路骑自行车去皇家剧院看下午场的演出。有时，从另一个方向一直走到拉特马拉纳。路上车辆稀少，我们可以不抓车把，像飞机一样张开双臂，一路骑行。"

与自行车相比，从海外进口的摩托车的性能更胜一筹。在第一次世界大战前几年，首位骑摩托车环游世界的卡尔·克兰西在《摩托车冒险家》（2010年）中回忆道："与此同时，我抽空去迷人的贝塔区和当地的城镇转了转，去了肉桂花园和可爱的平房区，沿着可培提路，一路欣赏着最美丽、最具有异域风情的景色，骑到了拉维尼亚山。"

20世纪初，汽车初现科伦坡街头。1902年，布斯特德兄弟公司的埃德加·莫尼进口了第一辆汽车。在接下来的几年里，科伦坡的富人们先后买了汽车。《二十世纪锡兰印象》（1907年）一书将加勒菲斯称为科伦坡的"科索"，"每到下午，科伦坡的大人物就开着或坐着精致的马车或汽车，从那里穿行而过"。

在第一次世界大战爆发之前，科伦坡有1300多辆汽车和摩托车。当时，科伦坡的汽油价格为每加仑33美分。当时的法律规定，所有的机动车要在显著位置挂上黑底白字的车牌，夜间需将车牌照亮。

那时，科伦坡出租车公司是合资企业，由一家锡兰汽车代理公司和总部位于伦敦和加尔各答的另一家公司组成，出租车都是美国造。当时，科伦坡的大酒店已雇用汽车，行驶在酒店和码头之间，帮顾客运送行李。也正是在那个时候，科伦坡邮局有了机动邮车。自20世纪初以来，科伦坡的机动车辆保有量大幅增长，交通事故多发，交警也应运而生。

到了20世纪五六十年代，科伦坡的十字路口出现了身着卡其色衬衫、短裤、及膝袜子的交警。他们是现代交警的前辈，完成了警察所能完成的最艰巨的任务。

有轨电车进城

20世纪初,科伦坡有了有轨电车。为了改善公共交通,布斯特德兄弟公司旗下的科伦坡电车公司引进了有轨电车。它是旧时常见的交通工具,车厢在既定的轨道上运行,由空中的电线供电。事实上,从1899年1月12日始,有轨电车就在科伦坡运行,比英国的有轨电车只晚几年。

最初的时候,有轨电车出现在大岔口和马拉达纳,随后普及其他地区。在科伦坡最繁忙的道路上,有轨电车从早到晚不停地行驶。有两条路线:一条从要塞区到大岔口,另一条从要塞区到博雷拉。从要塞区到大岔口的有轨电车途经主街、凯曼门、新摩尔街和阿莫尔街,而从要塞区到博雷拉的有轨电车则途经诺里斯路和马拉达纳。

有轨电车还没出现在科伦坡街头之前,只有精英阶层才能坐得起马车,其他人则乘坐人力车或牛车。有轨电车的出现是一种福音。它既便宜又快捷,促进了城市的发展。甚至,一些从码头出来的欧洲人也会乘坐有轨电车,而不是无处不在的人力车。有轨电车车身为鲜艳的绿色,车头上有白色或奶油色的V形图案。司机通常穿着卡其色的制服。

有轨电车的轨道位于马路中央,这样不会影响正常的交通或给行人带来不便。然而,也不是每个人都张开双臂欢迎电车。据说,有轨电车刚在科伦坡投入运营时，引发了某些民众的敌意。他们认为，这个金属怪物的出现，对行人构成了危险，也导致手推车夫和人力车夫的收入减少，这让他们愤怒不已。为了防止人们用石头砸车或顽童在铁轨上放置石块使电车脱轨，警察不得不随车维持治安。

当然，有轨电车还是造成了许多交通事故。在引入有轨电车后的几个月后，一辆邮政总局的面包车——科伦坡首辆汽车，撞上了有轨电车。尽管当时科伦坡只有一辆汽车，这个事故还是促使市议会通过了机动车管理细则。

很快，电车上就采用了铃声，提醒乘客靠边。"二战"后期，无轨电车服务被市政厅收购，科伦坡成为南亚首个拥有无轨电车的城市。20世纪50年代，科伦坡改用无轨电车，在原有有轨电车的线路上运行。1965年1月1日，有轨电车停运。

20世纪50年代早期，无轨电车取代有轨电车后，有两条路线：一条从大岔口开到要塞区，另一条从贝塔区开到马拉达纳。单层和后来的双层无轨电车，比旧的单层有轨电车载客量更大。从有轨电车到无轨电车的转变并不难。有轨电车沿既定轨道运行，由架空的电线供电，而无轨电车有橡胶车轮，由成对的架空电线供电。因此，无轨电车在原有的有轨电车线路上运行，分别以大岔口为始发站和东方大酒店附近的要塞区为终点站，全程12英里。

科奇亚火车

火车准点，不但能提升人员和货物的运输速度，还能缓解日益严重的交通堵塞。在僧伽罗语中，"科奇亚"一词来源于英语"coach"（车厢），以火车车厢命名。当本地人第一次看到来来往往的火车时，给它起了个外号，叫"吃煤喝水、跑个不停的科伦坡金属怪兽"。

当时正值英国殖民时期，火车投入运营的目的是将咖啡和茶叶等经济作物从偏远的种植园运到科伦坡。火车的出现，进一步促进了城市的商业发展，种植公司和仓库成为科伦坡市区，特别是要塞区和贝塔区的标配。

第一条连接科伦坡和安贝普萨的铁路线始建于1864年，将布拉班特公爵，即后来的比利时利奥波德二世，从科伦坡送到维扬戈达。1865年4月1日的《伦敦画报》写道："首班列车的顺利抵达，让成千上万的当地人感到惊讶。他们看着火车优雅地沿着湖岸，从马伦达恩美丽的桥下穿行而过，越过卡兰尼河大铁桥，穿过远处的绿色田野，直至消失在茂密的热带树林中。"

开弓没有回头箭。从那时起，铁路的触角延伸到斯里兰卡山区的各个角落，将农产品运送到科伦坡打包，运到港口，远销海外。要塞区火车站是枢纽车站。1901年，康沃尔公爵和约克公爵夫人（后来的威尔士亲王

岗嘎拉玛雅附近的老式巴士

和王妃）从这里乘火车前往斯里兰卡内陆访问。

不久，南部也沿着海岸线建起了新的火车站，有可培提、邦巴拉皮提亚和威拉瓦特等车站。当船上的水手们向东眺望时，科伦坡海滩上的火车站显得格外醒目，它们都砌着石头外墙，镶嵌着百叶窗。

水路纵横

早年的科伦坡就离不开水运。凯拉尼河在科伦坡附近向北流淌，然后拐向西，流入大海。即使在战争期间，水果、蔬菜及被椰棕裹起来的农产品也是由水路运到城里。

在H.A.J.胡鲁嘎勒的《科伦坡市议会百年纪念册》（1965年）中，我们找到一段葡萄牙语的记载：大量的粮食沿着凯拉尼河，从上游水运到科伦坡。胡鲁嘎勒推断："现在贝拉湖所在位置原为中岛，可能是果蔬等农产品的集散地。从那里，果蔬被运送到要塞区、贝塔区和附近郊区。"

然而，为什么中岛位于凯拉尼河的河口呢？詹姆斯·科迪纳在《锡兰掠影》（1807年）一书中写道："从加兰尼河口望去，景色极为美丽。沙洲将蜿蜒曲折的河流与大海分割开来。沙洲上有些许绿草，形成了林木葱郁的小岛。河对岸是椰树林，林后没有山。僧伽罗渔船在江中来回穿梭，一派欢快的景象。"

在殖民统治早期，科伦坡以凯拉尼河为枢纽，开凿了运河体系，供船只和驳船通航。

在葡萄牙人殖民统治时期，圣塞巴斯蒂安运河就已经存在。当锡塔瓦卡国王拉贾辛哈的军队包围科伦坡时，他切断了所有经由凯拉尼河运送给葡萄牙人的物资。

据说，为了将鳄鱼出没的湖水排干，拉贾辛哈甚至开凿运河来排水，使之成为开阔的战场。在他开凿的运河中，一条成了后来的圣塞巴斯蒂安运河。荷兰人精于水运。为了提高水运量，荷兰人和英国人扩建了这条连接凯拉尼河和贝拉湖的运河。

圣塞巴斯蒂安运河发源于维多利亚大桥附近的大岔口，流经原布卢门达尔湿地和赫尔夫茨多普山脚，流入贝拉湖，再从贝拉湖流向科伦坡的海滨。各种农产品和商品通过凯拉尼河从全国各地集中到这里。肉桂等香料沿运河向西运输，在科伦坡港装船。实际上，在荷兰殖民时期，东方大酒店门前直达码头的那条公路曾是通往港口的运河。

货物经由运河被运到贝利街的仓库，离后来的观察者大楼不远。西蒙·卡西·奇蒂在《锡兰地名录》（1834年）中写道，城堡后面的湖泊将科伦坡与穆特瓦尔河隔开。奇蒂还指出，圣塞巴斯蒂安运河上有个船闸，允许内陆船只通过要塞区到达海边。穆特瓦尔河是凯拉尼河汇入大海前的最后一条支流。

第一次世界大战期间，在英国总督亨利·麦卡勒姆的努力下，连接圣塞巴斯蒂安运河和贝拉湖的水运再次热闹起来，缓解了陆路交通拥堵情况。1914年至1918年间，运河的河床和河口的扩建，使得驳船可以在运河上装卸来自火车上的货物。换言之，运河已成为小型的内陆港口，连接起了被称为东湖的贝拉湖。20世纪初，科伦坡的船只将货物直接运输到港口的船只上，以便出口。

随着时间的推移，运河将贝拉湖与科伦坡港相连起来。运河上设有船闸，允许船只和驳船通行，使从铁路到水运的接驳运输成为可能。有了水运之后，货物运输再也无须借助缓慢行驶的牛车，不会在科伦坡市中心的道路上造成不必要的交通堵塞和货物延误。

维多利亚大桥（约1906年）。左前是一艘驳船或往返河两岸的轮渡。

20世纪30年代，圣塞巴斯蒂安运河可容纳40吨级的驳船和小型拖船通航，连接贝拉湖与港口的水运变得更高效。1948年斯里兰卡独立前，每年经运河和东湖行驶到港口的小艇和船只数量估计超过1万艘。

上了年纪的人还记得，有一段时间商船和货船沿着圣塞巴斯蒂安运河往返于贝拉湖和科伦坡港口之间，源源不断地运输着货物。机动船拖拽着一艘或者五六艘船，停靠在运河岸边的英国斯里兰卡公司工厂门前，装卸货物。

历史上的城市娱乐

如今,科伦坡城里频繁放映电影,马戏团不时进城,各种各样的娱乐活动丰富多彩。但在过去,娱乐活动可没有这么丰富,马戏团也只有在一个月里出现第二次满月之时才进城。

J.R.温曼在其系列文章《我的记忆》中提到了科伦坡的娱乐活动。1927年6月11日,他在《锡兰先驱晨报》发表的一篇文章中写道:"马戏团几乎和哈雷彗星一样罕见。人们总是谈论过去来过的一个超级棒的马戏团。团长是个意大利人,带着两个可爱的女儿来到科伦坡。科伦坡全城都为之疯狂。其中一个女儿被加勒邮政局长甘弗雷泽带走了。罗马尼骑上了他最好的马,前往追赶。在一个叫卡卢塔拉或是帕纳杜拉的地方,他遇到有人在办喜事,乐队在给宾客演奏助兴。在音乐声中,那匹马戏团的马立即开始旋转。乐手们还以为是演出特设的环节,演得更起劲儿了。"

然而,这种情形很快就改变了。据美国驻斯里兰卡领事查尔斯·莫斯在其关于电影的文章中所述,在20世纪初,科伦坡的娱乐场所包括巡回演出的帐篷和公共大厅——相当于美国一座小城的市政厅。他写道,竞技场剧院公司将在科伦坡建造一座可容纳1000人的真正的剧院。剧院设有交响乐团、二楼正座和画廊。当时,该公司已租赁了马拉达纳的市政厅,

由僧伽罗人出演的《罗密欧与朱丽叶》在科伦坡的临时剧院演出（J.L.K.Van Dort 绘制，1885年11月28日）

用于放映"电影节目"。

战争初期，科伦坡城里开始有了电影院，一开始只放映无声电影。很快，就有了有声电影，由市场巨头提供的好莱坞电影也紧随其后。

美国驻斯里兰卡领事斯蒂尔曼·艾尔斯在《小岛屿上的美国电影市

场》（1931年）一书中写道："锡兰有三家播放有声电影的影院——帝国影院、帝王影院、有声大影院，均位于科伦坡。后两家影院都配备了渐暗灯和排气扇。在电影开始前，影院会用留声机播放半小时的录音、收录同期声或配音的新闻短片、喜剧、电视节目或有声故事片。影片一周更新两次。到目前为止，这里上映的大多数有声电影都来自美国，也有一些英国和德国的作品。"

他还写道："在锡兰，有声电影很受当地人欢迎，甚至不懂英语的人也喜欢看。每家影院每晚都上映两场电影，一场6点，另一场9点半。在6点上映的场次中，票价便宜的位置总是座无虚席，大多是不懂英语的本地人。讲英语的本地人和欧洲人几乎忘记了无声戏剧的存在，转身投向有声电影。当放映收录同期声的片子时，会收到差评。由此可见，有声电影似乎真的占据了锡兰市场。"

斯蒂尔曼还发现："还有一种流动的电影放映仪，不定时地在市政厅放映电影，每一场都能吸引约400名观众观看。"

建设"花园城市"

将科伦坡建设成为"花园城市",是历任城市管理者和居民的梦想。在内战期间,科伦坡的城市建设已经取得了很大的进展。1924年8月,R.G.安东尼思在荷兰伯格尔联会厅发表的题为《一百年前》的演讲中提及了这一点。1925年4月,他在《锡兰荷兰伯格尔联会杂志》上发表了他的见闻:"在科伦坡,我们看到,古老的地标建筑正在消失。不仅在要塞区,在城市周围数英里的地方,古老的荷兰建筑给高耸的'摩天大楼'让路,肉桂林或椰林被现代的平房取代。为了应对日益拥堵的交通,不但老路被拓宽,还修了新路和雄伟的桥梁。"

在英国殖民统治后期,"花园城市"的概念流行起来。第二次世界大战期间,这个概念被正式提出。1940年,克利福德·霍利迪在给市政当局的备忘录中指出:"综合规划计划的目标应该是将现有和拟开放的空间连接起来,形成延绵的公园系统。"他说,"花园城市"将使整个城市的通风更通畅,为行人和骑自行车的人提供长长的行车道。从加勒菲斯绿地广场开始,应该建一座桥,连接大贝拉湖西南侧的填海区。从加勒菲斯绿地广场的南端,可以沿着西湖南岸,建公园带,将维多利亚公园连接起来。

不断变化的新科伦坡天际线（图为加勒菲斯对面的香格里拉大酒店）

1977年开始，斯里兰卡实施开放经济。自由经济对科伦坡市"花园城市"的建设产生了双重影响。商业的发展和重型汽车的进口，使得科伦坡建设"花园城市"的希望似乎变得更渺茫了。

然而，自20世纪80年代起，政府将办公室迁至塞西里帕亚、伊斯鲁帕亚和苏胡鲁帕亚等城外的社区，缓解了人口压力和交通拥堵；将工业转移到城外，将先前位于贝塔区和科伦坡中北部的制造业搬迁到自贸区等更适合发展工业的地区。这些举措使科伦坡建设"花园城市"成为可能。

拉特马拉纳和埃卡拉等地区在经济开放之前就已在一定程度上成为工业区。在英国殖民统治晚期，位于科伦坡郊区的拉特马拉纳是科伦坡机场

月光下的科伦坡海滨

的所在地。到 20 世纪 60 年代，它已经成为一个"工业重镇"。早在 1955 年，日本东洋公司和斯里兰卡的德索萨公司就合资成立了迪亚衬衫公司。不久之后，科克西家族的亨特利服装出现在旧机场路上，20 世纪 60 年代为科伦坡精英阶层生产优质衬衫和休闲裤；胜家在拉特马拉纳也有工厂，生产家用缝纫机；著名的糖果制造商乌斯瓦特糖果厂也落户拉特马拉纳。20 世纪 70 年代，坎大瓦拉的凯文抛光蜡制造厂、加勒路的马利班饼干厂和拉特马拉纳新机场路的拔佳鞋业公司成立。加图纳亚克是斯里兰卡大机场的所在地，1977 年后成为主要的工业中心。

政府为改善城市环境做了大量工作。2009 年 5 月，政府修好了宜兰路，翻新了荷兰医院和赛马场看台等旧建筑，重新安置了居民，将他们搬迁到塔塔集团在奴隶岛建造的住宅。高层建筑能够容纳更多的人，提供更大的办公空间。

科伦坡成为新的港口城市，也有了新的天际线。这一切都意味着，政府正在着力将科伦坡打造成真正意义上的"花园城市"。

COLOMBO
THE BIOGRAPHY

科伦坡 传

科伦坡港：因港而荣

第三章

一直以来，科伦坡就是座港口城市。正因为坐拥海港，科伦坡才得以成为斯里兰卡的首都和经济中心。也就是说，如果没有港口，斯里兰卡的经济中心和首都不会选址科伦坡。

事实上，正是因为科伦坡港的发展，要塞区和贝塔区才能成为商业区。随着商业的发展，街区变得日益喧闹，交通日渐堵塞，要塞区和贝塔区的中上层阶级逐步向南迁徙，搬到可培提、邦巴拉皮提亚、威拉瓦特，甚至是肉桂花园等地。商店如雨后春笋般出现在要塞区和贝塔区。新兴企业家举家搬迁到要塞区和贝塔区，租房定居下来。有些人成功跻身富人阶层，而有些人却越来越穷，蜗居在贝塔区北部的贫民窟里。

早年的港口

1505年,当葡萄牙人第一次抵达科伦坡时,科伦坡港非常简陋。葡萄牙人意识到,得在这里建工厂,做贸易。后来,工厂发展成为城堡,俯瞰港口。再后来,港口慢慢发展壮大,成为今天的科伦坡。H.A.J.胡鲁嘎勒在《科伦坡市议会百年纪念册》(1965年)中谈到了科伦坡的商业发展:"据葡萄牙历史学家科雷亚称,1507年,僧伽罗国王同意每年向葡萄牙国王曼努埃尔进贡一船肉桂和两头大象。第一年,两头小象搭船离开科伦坡,前往葡萄牙。曼努埃尔国王不可能将其中一头大象献给教皇。然而,有一年罗马举行庆祝活动,葡萄牙人居然在罗马发现了斯里兰卡与罗马往来的记录。据记载,一头名为'安诺尼'的大象成了梵蒂冈的宠物。在梵蒂冈的走廊壁画中,拉斐尔画了一头大象。"

赶走葡萄牙人后,荷兰人入主科伦坡。他们早早就意识到了科伦坡的价值。在荷兰殖民时期,科伦坡港发展迅猛,进入了全盛时期。1687年,比利时医生埃吉迪乌斯·达尔曼斯博士曾访问斯里兰卡,写下了对科伦坡港的印象:"步行可走到码头。在那里,所有的货物都被卸下来,装上平底船、小船或大船。这些船大多停靠在离海湾半英里的河岸上,以避开印度洋的季风。"他所说的季风是指一年中特定时候刮的大风。起风时,很

简·布兰德斯作品《从海边看科伦坡》

多船会脱锚,被吹向海岸。

半个多世纪后,约翰·沃尔夫冈·海德特在其著作《非洲和东印度的地理地形》中写道,科伦坡有个好港口,可以停泊吃水不深的小船,大型船只也能停靠。但下雨的时候,大船停泊在港口里就不太安全了。1736年底,一艘名为博斯号的船不幸被风刮脱锚,漂到贝塔区,搁浅在沙滩上,孤独地停靠在那里。船离海岸很近,站在岸上的人都可以把小石块扔进船里。

科伦坡港里停泊的不仅是荷兰商船,还有摩尔人的船只。海德特说,在荷兰人的城堡下,经常停靠着摩尔人的商船,"在一年中的某些时候,有大量船只来到这里,出售大米及各种绳索和物品"。海德特写道,在离摩尔商船不远的地方,有座栈桥,方便小型船只停靠和装卸货物。

他还提到了一种本地船只:帆很特别,上宽下窄;每一艘船都是用一根原木凿成。船的两侧装有侧板。侧板很窄,根本无法立足。但是,船帆

20世纪初的科伦坡港

很高，为了保持平衡，两边用弯木棍将木头固定在侧板上。这样一来，如果船向一侧倾斜，另一侧的木块会起到平衡作用。当地人坐着这种小船到远海捕鱼，回来时就把船拉上岸。

根据约翰·卡珀在其著作《锡兰生活旧时光掠影》中的描述，每到春秋时节，满载货物的荷兰船队，就会离开荷兰，前往斯里兰卡，"带着对旧日时光的留恋，我们站在巴滕堡上，与港务局局长和首席领航员扬兹一起眺望大海。清晨，阳光明媚。从亚当峰上吹来的风，清新而凉爽。城堡外墙的旗杆上，荷兰国旗迎风飘扬。城堡的城墙用光滑的岩石砌成。在老加勒巴克边上，曾经有圣母教堂和塔楼，如今早已不复存在，建筑的基台也被夷平了。在外墙和城墙之间是港务局局长的住所。那可是当时科伦坡最漂亮的房子，近处有花园和草地。在皎洁的月光下，在漂亮的房子里，荷兰女佣和男童殷勤地伺候着主人"。

他继续写道："船来了！船来了！消息传到了墙头。很快，就听到一声枪鸣，惊醒了还在睡梦中的人。是的，春天的船队来了，正好赶上圣诞节！

"船来得太及时了！城堡里库存不多了，就算是长官也抽不上荷兰烟了，只能用本地烟草代替。抽根烟的工夫，墙头就挤满了士兵、平民和当地雇员。大家都急切地盼着这三艘船的到来。毕竟,对殖民者而言,它满载着如生命般珍贵的东西。"

即使在英国殖民早期,科伦坡港仍然是个简陋的海港,只有一条开阔的道路。约翰·卡珀船长在其著作《锡兰生活旧时光掠影》中,向我们描述了英国人刚接管科伦坡时港口的样子:"堡垒西侧有两个呈倒钩状的坚固炮台,炮口面对大海,保卫港口的安全。炮台离城堡有一定的距离,两点之间设有高墙和护城河,河岸有堡垒与城门,方便与城堡保持联络。附近是用木桩建成的码头,延伸到海里有十多米,水域开阔,是给船只上货和卸货的好站点。"

两年后,詹姆斯·科迪纳在其著作《锡兰掠影》(1807年)中写道:"严格来说,科伦坡没有港口。虽然这个小海湾偶尔能为小船提供停靠的位置,但还不足以被称为港口。"他提到了当时科伦坡港的样子:"突出的岩石上有两座炮台,保卫着堡垒北侧的小海湾。木头做的码头有100英尺长,延伸到海里,方便上下货。"

"但是,码头水不深,单桅帆船或大船无法停靠在码头边。吨位不超过100吨的船只能在码头外抛锚,较小的船可以停泊在岸边,大船很少靠近码头,只能在远处抛锚。一条沙坝从突出的岩石延伸到海湾的另一边,沙坝周围有些地方的水深不足十英尺。"

科伦坡港的设施十分简陋,用科迪纳的话说,"码头附近有港务局值班室和港务局局长办公室,还有海关"。

现代化的港口

在英国殖民统治的早期，科伦坡港只有一条路。刮风、下雨、涌浪都会影响港口的运行。直到后来，建了防波堤，才解决了这些问题。罗伯特·费洛在《锡兰史：从早期到1817年》（1817年）中写道："科伦坡港只有这条开阔的路。每年，只有在10月初到3月底这半年的时间里，船只才可以安全停泊。在剩下的半年里，海上的西风很大，船只都无法在科伦坡港停靠。"

多亏了当时的锡兰总督赫拉克勒斯·罗宾逊爵士，科伦坡港才发展成为今天的样子。

罗宾逊的随从东能上尉认为，应该将科伦坡港发展为主要港口，而非加勒。罗宾逊采纳了东能的意见，说服了殖民地政府办公室，加大力度开发科伦坡港。

为了将科伦坡港打造成现代化港口，需要开辟4英亩多的滩头，造防波堤，也就是今天的西南段防波堤。1875年12月，威尔士亲王爱德华为防波堤奠基，并用旗帜和常青藤装饰了奠基石。在演讲中，亲王说，他相信建设防波堤非常有必要。他很高兴，这趟斯里兰卡之行能出席防波堤的奠基典礼。

20世纪30年代的科伦坡港

编年史作家乔治·惠勒在《殿下旅行纪事》(1876年)中写道:"一直以来,科伦坡港就需要一道防波堤,以阻挡可怕的海浪。如今,第一块石头埋下了。"完工后,"前往东方的最大的商船也可以在这里停靠"。

1885年,仅仅用了十年,防波堤就完工了。防波堤的每一面都用了20多吨重的混凝土,跨度超过4000英尺。防波堤的落成,使原来的露天水道变成了一个港口,原本裸露的西南侧成了避风港。防波堤建成后,威廉·米勒号是经苏伊士运河来到科伦坡港的第一艘船只。

防波堤开工后不久,威廉·霍华德·拉塞尔在《威尔士亲王之旅》中讲了个有趣的故事。他写道,当塞拉皮斯号驶向科伦坡港的锚地时,"科伦坡港太简陋了,身穿华服的客人与这里格格不入"。

"总督的助手从悬崖下的小海湾出发,海浪汹涌而起,在高空中掀起阵阵浪花,我们上岸时感到有些不安。但向导告诉我们,亲王将要停靠的码头和平台受到了庇佑,不会受到海浪的侵袭。"

20世纪初,随着码头的建造,港口基础设施得到进一步的改善。科伦坡港海关附近建起了威尔士亲王码头,以此纪念亲王的斯里兰卡之旅。

1912年,在港口建设过程中,继任总督亨利·麦卡勒姆到工地视察时说:"正如你所想的那样,这条水路完全暴露在季风中。所以,无论是上岸还是接收货物,都要花很长的时间,也有很大的风险。在科伦坡港和加勒之间的海域,沉船时有发生。在我身后是时时被海浪拍打的海岸,岸边是渔民的小木屋。这种小木屋在岛上各个地区都能看到。岸边还有椰树林。"他补充道:"以前被海浪拍打的海湾,如今变成了世界上最好的人工港之一。设计这个港口的工程师也曾主持过多佛港的建设。"

其实,在麦卡勒姆说出这番话之前,科伦坡港就已经是个成熟的港口了,可以容纳大量的船只停靠。到 20 世纪初,科伦坡港已成为欧洲和远东之间的重要停靠港。它向轮船和乘客提供各种各样的货物,生意红火。例如,"毕比号"邮轮每两周从利物浦开往科伦坡。1908 年,一支由 16 艘军舰组成的美国舰队与商船一起在科伦坡港内停留了几天,丝毫没有对其他船只造成影响。

到 1910 年,科伦坡港已成为世界上第七大繁忙的港口,仅次于纽约港、伦敦港、安特卫普港、汉堡港、香港港和鹿特丹港,吞吐量高于利物浦港、马赛港和新加坡港,被称为"东方的克拉珀姆枢纽"。

1912 年初,除英国船只外,停靠科伦坡港的外国船最多的是德国船只,多达 91 艘,其次是奥地利和法国的船只。

4 月中旬,汉堡美国线航运公司的"克利夫兰号"邮轮载着 500 名游客,从旧金山出发,在科伦坡港停靠了几天,才启航前往孟买。第一次世界大战时,科伦坡港已是世界上最开阔、保养最好的人工港之一,可容纳 50 艘 12000 吨以上的船只。

两次世界大战期间,随着巴格达仓库和内外加油码头的建成,港口基础设施得到进一步的提升。正如阿利斯特·麦克米伦在其著作《印度和锡兰海港》(1928 年)中所描述的那样:"战后,P&O 邮轮、东方邮轮、冠达邮轮、加拿大太平洋邮轮、巡洋舰队等经常停靠科伦坡港。"到第二次世

科伦坡防波堤

界大战时，科伦坡港已成为可以容纳很多船只同时停靠的优良港口。《伙计，祝你好运：布莱恩·考克斯的战时故事》（2008年）是一本关于"二战"的书。书中提及了科伦坡港，"听说，有支盟军护航队抵达科伦坡港。布莱恩说：'大约有30艘军舰停靠在这里，十分壮观。'港口里，成千上万的小船进进出出。如果不是亲眼所见，真是让人难以置信"。

锡兰独立后的几年里，科伦坡港先后建了三个重要的码头，分别是接纳本港船只的代尔夫特码头、接纳货船的维贾亚王子码头和停泊大型货船和客船的伊丽莎白女王码头。这些码头的建设，成就了今天科伦坡港的辉煌。

在早期，港口的货物是通过牛车运输进出港口的。威廉·莫里森·贝尔少校在其游记《异国他乡》（1872年）中提及科伦坡港时说："科伦坡港正在建防波堤。码头上热火朝天。几十辆牛车正在排队运船上卸下来的货。一头普通的澳大利亚奶牛拉一天货物的价格在50英镑到60英镑之间，而相貌不佳的公牛拉一天货的价格是 7 英镑。"

很多年后，我们在航海局出版的《锡兰科伦坡》（1920 年）中读到："在岸上，数百队浅黄色的公牛耐心地把茶叶拉到码头。僧伽罗苦力将成捆的茶叶装上船，转运到等待的蒸汽船上。"

后来，港口出现了越来越多的现代运输工具，运输货物的车辆从牛车升级为卡车，清运抵达港口的货物。这种情况一直持续到 20 世纪 60 年代左右。

商人云集生意忙

来自斯里兰卡各地的摩尔商人聚集在科伦坡港做生意。威廉·罗斯琴伯格在他的游记《环球航行》(1838年)一书中写道:"在科伦坡时,每天都有本地人上船兜售珠宝和用贝壳制作的纪念品,这些珠宝和贝壳大多来自亭可马里,被精心地摆放在棕榈叶编织的篮子里。有些人卖天然石头;有些人卖象牙刀柄和鼻烟盒,刻着波浪纹,黄白相间,而且是那种代表皇家的明黄色。在我们看来,这些东西很新颖,很漂亮。还有人卖金链,样式和巴拿马的金链相似;还有人卖纯金制成的玫瑰金链,款式为环环相扣的小方节,跟马尼拉卖的最新款式很相像。"

一位美国海军军官在其著作《环球游记:在乔治·C.里德准将麾下随东印度中队东游记》(1840年)中提及当地商人追着他们买东西的情形:"他们像蚊子一样,团团围住我们。最烦人的是黏人的珠宝和象牙商贩。十几个商贩一边展示手帕里的珠宝和象牙刀柄,一边喊'先生,先生,看看!您快看看我的月亮石,我的星星石,这可是上好的星星石,买吧,先生!我有猫眼石、蓝宝石、绿宝石、肉桂石、黄玉,各种石头。先生,我这儿有手帕。买我的吧,都一样'。他们喋喋不休,让我们烦死了。我们不买,他们也无利可图。"

科伦坡港口和码头

航海局出版的海事手册《锡兰科伦坡》（1920年）中有这样一段话："从入港口远观科伦坡港，景色最为迷人。破晓后，清晨的薄雾在温暖的晨光中慢慢消散。海岸边，被露水滋养了一夜的数千棵椰树绿油油的，焕发出新的活力。穿过与防波堤平行的入港口，船抛锚停了下来。一些独木舟围了上来。这种独木舟是由一根树干凿成的，靠两边的支腿保持平衡。船夫来自各个不同的种族，在科伦坡傍海而居。皮肤黝黑的本地人极力向游客推销宝石等商品，价格是平常的四五倍。想要上岸，乘客得转乘小艇、独木舟或捕鲸船。船只在港口的锚地不同，距离岸边的距离也不一样，从几百码到一英里不等。"

大约在20世纪70年代以前，科伦坡港一直是个贸易非常活跃的地方。那时候，还没有集装箱运输，货船一统天下。可以说，集装箱的出现，让港口失去了乐趣。在货船时代，货物装在大小不一的板条箱里。工人将货物装卸到一种叫作巴塔尔的大船上，然后大船将货物运到码头。由于这种船没有引擎，运载大量货品就走不动了，得靠拖船拉到码头。

随后，起重机将货物卸到地面上，再由工人装到卡车上。大家都管监工的人叫"廷德尔"。然后，卡车将货物运到仓库，再发往要塞区、贝塔区等地的市场。

当时，即使是海港区，人们也可随意进出。直到20世纪70年代左右，高出浪头数英尺的防波堤一直都对公众开放。科伦坡港附近水域有大量的鱼，有梭鱼和鲻鱼。那时候，经常看到有人坐在防波堤边上钓鱼，值夜班的拖船船员还会抓到大量的螃蟹。

迁移：从海上到陆地

20世纪初，科伦坡港已发展成为相当先进的海港，有泊船的拖船和运送乘客的驳船，设施十分便利。更重要的是，港口离要塞区和加勒菲斯酒店不远。

第二次世界大战期间，码头上的船只和小艇由锡兰码头公司和科伦坡船舶钱德勒公司提供。后者总部位于贝利街，是知名的船舶公司。港口还有两艘服役多年的拖船，根据《圣经》中的人物参孙和歌利亚命名。僧伽罗人管拖船叫"大象船"，因为它们就像在海上拉货的大象。在陆地上，拉货的通常是大象。1902年，拖船首次出现在港口，从20世纪初始用于帮助船只停泊入港。在两次世界大战期间，拖船还充当起了扫雷艇的角色，确保港口入口处没有水雷。

乘客搭乘驳船或汽艇上码头。美国女记者内莉·布莱在其著作《七十二天环游世界》（1890年）中写道："先于我们走出船舱的乘客坐上了汽艇。我的导游说，他想给我独特的体验，带我去坐比汽艇跑得更快的船。"尽管心存疑虑，她还是同意了。岛上的人管这种船叫"双体船"，两边各坐一个船夫，人手一桨，船体靠圆木平衡。不一会儿，他们的小船就赶上了汽艇，很快就上岸了！

到 20 世纪初，驳船接客也很常见。哈丽特·费舍尔在其著作《坐着蒸汽船环游世界的女人》（1911 年）中写道："一艘小驳船出来迎接客人，我们上了船。上岸后，没走几步就到了东方大酒店。不用我说大家也知道，所有前往东方的船只都会在科伦坡停靠。因此，在这里几乎可以看到世界各国的人。"还有其他船只也被用于接客人。因此，航海局出版的《锡兰科伦坡》（1920 年）规定："乘客乘坐小艇、独木舟或捕鲸船上岸。"

　　很显然，传统的船艇一直被沿用至内战时期。卡尔·穆勒在《科伦坡：一本小说》中写道："即使在 20 世纪 30 年代，乘客也常常乘坐可容纳 10 人的双体船（平底船）上岸。码头两旁，比人力车便宜的小马车排成两队，供人乘坐。运载货物和行李的牛车也在待命。没错，岸上还有引人注目的香蕉船。在那艘船的船头和船尾，种着两棵硕果累累的、真正的香蕉树。每一位八卦的游客都禁不住对它评论一番。"

　　阿尔弗雷德·休·费舍尔在 1907 年 11 月 13 日的一封信中提及他从科伦坡港到东方大酒店的情形："我坐着一艘小船上岸，在下船的地方，第一个跃入我眼帘的是用白色大理石雕刻的维多利亚女王像和一排人力车。"1902 年，维多利亚女王雕像落成。1915 年，"一战"爆发一年后，雕像被政府从码头附近移到了戈登花园。显然，人力车是为了方便运送游客到附近的酒店。

　　事实上，许多第一次来科伦坡的游客更喜欢坐人力车去酒店或在科伦坡四处逛。当时，其他出行的方式更贵。

　　在游客眼里，人力车也给科伦坡增添了一丝异国情调。前卫的美国女记者内莉·布莱在《七十二天环游世界》（1890 年）一书中写道："在科伦坡，我第一次看到了金车。它是一种小型两轮马车，很像一辆单座两轮马车，顶部有车篷，下雨天可升起。车的尾部有一根横杆连接的长轴。车夫皮肤黝黑，全身上下只围着一条裙子。烈日当空的时候，他们会戴上像蘑菇一样的大帽子。但大多数的时间里,帽子都被挂在黄包车的后面。在各个地方,都有预留给这些车的停车位。"

安吉拉·伍尔拉科特在其著作《伦敦淘金记》(2001年)中提到,1901年路易丝·麦克女士来到科伦坡,第一次坐上了人力车。她写道:"第一次坐人力车,太震撼了!感觉自己就像一个女王,拥有全世界。有一个男人——一个有血有肉的男人——站在高高的、轻便的黑色两轮马车的轴和引擎盖之间,挽着马奔跑。"

阿诺德·怀特在1907年出版的《二十世纪锡兰印象》中提到了离港口最近的酒店——东方大酒店:"在科伦坡客运码头上岸后,游客就站在了约克街的尽头。约克街是要塞区的主要街道,上半段路旁种了两排英戈萨曼树,树荫浓密,在道路上方形成了天然的伞盖,深受人们喜爱。在路左,矗立着一座精美的白色大理石雕刻的维多利亚女王像,出自伦敦艺术家G.E.韦德先生之手。1902年,为了庆祝维多利亚女王登基60周年,殖民地政府立了这尊雕像。正对着港口的是建筑宏伟的东方大酒店。"

科伦坡要塞区的东方大酒店和可培提附近的加勒菲斯酒店离港口不远,服务很好,受到了许多外国游客的赞赏。

科伦坡的第一印象

科伦坡港给游客留下的第一印象往往令人振奋而难忘,许多人都将他们对科伦坡的第一印象写了下来。

美国女记者内莉·布莱在其著作《七十二天环游世界》(1890年)一书中提到她搭乘"维多利亚号"邮轮抵达科伦坡港后的情形。她写道:"站在轮船甲板上,科伦坡的美景给我们留下了深刻的印象。穿行泊在海湾内的美丽船只之间,我们可以看到,绿色的岛屿上点缀着低矮的拱廊建筑,在耀眼的阳光下,看起来像大理石宫殿。我们身后是碧蓝碧蓝的大海。海浪拍打在山崖上,激起白色的浪花后,又轻轻地沉入蓝色的海里。小镇的远处是一座高山,当地人叫它'亚当峰'。"

第二年,约翰·赫斯特在其著作《印度和锡兰的国家和人民》(1891年)中写道:"'达卡号'在海上划出了一道优美的曲线,突然映入眼帘的是科伦坡或圆或尖的色彩明亮的房屋、美丽的女王雕像。看到这一美景,人好像被固定在甲板上,舍不得移开眼睛。一切都是新鲜的,独特又难忘。"

1903年12月,克拉拉·凯萨琳·罗杰斯在其著作《来自东方的信件》(1934年)中记录下了科伦坡港的情形:"凌晨4点,我们的船在科伦坡港抛锚。早餐后，我们上了一艘名为'卡塔马兰'的平底船，船上可轻松容纳10人。码头上有一排奇怪的牛车，等着拉货；还有人力车和小马车，在等乘客。码头上到处都是本地人和来自印度不同种姓的人们，他们穿着各种漂亮的东方服装。很多人戴着头巾并围着半裙。一些人的前额和胸前还用特殊装饰标记着他们的种姓。上岸之前，我们看到一艘香蕉船，船头和船尾都长着硕大的香蕉树。一切是如此美丽，我们像行船在画里一样。多希望我能用彩色画笔画出那艘船啊！"

事实上，科伦坡圆顶和尖顶的建筑数不胜数，堪比开罗，令敢于冒险的白人女性兴奋不已。路易丝·麦克还记得，在1901年一个晴朗的早晨，她第一次瞥见科伦坡的情景："坐在卧铺上，我透过舷窗望出去，看到一张外国的帆清晰地划过雾蒙蒙的、玫瑰色的天空；一弯高大的、棕色的帆斜靠在低矮的棕色独桅帆船上，船上有个皮肤黝黑的人在掌舵。东方！东方！东方！这是我第一次看见东方！我好激动！这是多么令人震惊的景色！"

1928年，幼儿园教师霍普·麦克菲写下了她在科伦坡的一天："我们从奇妙的加勒菲斯酒店旁回到船上……虽然累瘫在床上，但却被东方的奇迹和魅力迷住了——我什么时候才能再次经历这一切呢？……我永远不会忘记我对东方的第一印象。这是一个值得纪念的日子！"

"一带一路"：港口城市崛起

如今，被誉为"南亚门户"的科伦坡，自2014年开始启动科伦坡港口城项目。这一宏伟的项目由中国企业投资，并与斯里兰卡政府共同开发，成为科伦坡商业中心的延伸。港口城位于科伦坡西南部海岸，地处科伦坡中央商务区核心，是斯里兰卡迄今最大的外国直接投资项目，为建设

以中国专业技术打造的科伦坡港口城

海上丝绸之路上的"未来之城"擘画蓝图。希望这座港口能在国际东西海上贸易中继续发挥至关重要的作用。

科伦坡港口城将被建成为国际金融中心，是以中国专业技术打造的新兴港口城。这将推动中国的"一带一路"建设。"一带一路"中的"一路"指的是海上丝绸之路，通过水路运输促进国际贸易。

在科伦坡港以南和灯塔之间，填海造地近270公顷。港口城规划建筑面积超过500万平方米，有现代的住宅和商业楼、娱乐设施、综合度假村和码头，可能是南亚最宜居的区域。

与预想的差不多，项目的推进几经波折，施工面临诸多困难，西南季风给填海造地增添了不小的难度。所幸在两国的共同努力下，项目整体施工进展没有受到太大影响，按照既定计划有条不紊地推进。斯里兰卡大都市与西部发展部长拉纳瓦卡曾将其称为"一个技术奇迹"。

在20世纪末，斯里兰卡的珊瑚因生态恶化和海啸冲击而受到严重破坏。此后加之受全球变暖、海洋酸化、过度捕捞等因素影响，科伦坡附近海域很难发现成规模的珊瑚群。因此中国企业在开工前期，带领专家团队，对科伦坡的现实环境和人文习惯综合考察，因地制宜，最大限度降低施工对环境的破坏，决定采用"扭王字块"结构设计，最终建设成总长3.7公里、不规则且可相互咬合的棱体"扭王字块"结构设计的防波堤。这种设计的优点在于可以让不同种类的珊瑚选择适宜生长的水域，并保证享有充足的光照，让海洋生物可以拥有适宜的栖息环境，此外防波堤还可以有效削弱印度洋季风带来的海浪冲击。

2022年，科伦坡港口城游艇码头作为中斯建交65周年庆祝活动的主办场地，以及两国友谊联结、再续前缘的有力见证，首次面向公众开放。

科伦坡港口城只是中斯合作、中国在斯里兰卡建设的众多大型民生项目的一个缩影。2019年中国企业承建的斯里兰卡卡卢河大坝主体项目顺利完工，还有斯里兰卡1948年独立以来新建的首条铁路——斯里兰卡南部铁路、"一带一路"建设旗舰项目汉班托塔港，都少不了中国在背后的默默付出。

斯里兰卡也非常重视并认可与中国的合作。在斯里兰卡100卢比货币的正面，图案是由中国援建斯里兰卡的第一座燃煤电站——普特拉姆燃煤电站，1000卢比钞票上印制的则是中国企业建设的A5公路隧道。这些功在当代、利在千秋的民心工程，带动了当地经济的发展，为科伦坡乃至斯里兰卡国家的发展带来了切实的利益，让这座港口城市再现荣光。中国用自己的实际行动一点点地修葺美好的未来。守望相助、友好平等、天下大同、百姓安居乐业是两国共同的企盼。

COLOMBO
THE BIOGRAPHY

科伦坡 传

要塞区：曾经的中心

第四章

要塞区是科伦坡中心区，如今是科伦坡一区。科伦坡所有的道路都以这里为起点。要塞区一度是城市中心，斯里兰卡总统府、警署、中央银行、旅游局和商铺都见证了它的辉煌。斯里兰卡的主要路标都以总统府为参照，这是从英国殖民时期沿袭下来的传统。

地名的背后往往有很多故事，科伦坡要塞区也是如此。要塞区过去是一座石头砌成的防御工事，因此得名。僧伽罗语中，要塞的含义是带围墙的堡垒。附近的贝塔区如今是科伦坡十一区，这个名字意为要塞之外。历史上，这两个地区关联密切。葡萄牙人统治时期，贝塔区曾经是要塞区的一部分。

英国人统治后期，贝塔区成为要塞区的郊区地带。过去，诺里斯路有一座水上路桥，起点在旧麦卡勒姆路附近，向北延伸到海港。后来，主街将要塞区和贝塔区连在了一起。荷兰人极力将要塞区和贝塔区分开，在要塞区周围修建了坚固的防御工事。后来，英国殖民者将防御工事拆除，要塞区开始对贝塔区和斯里兰卡其他地区开放。随着时间推移，周边的一些地区也融入了要塞区。

葡萄牙要塞

要塞区原本是欧洲殖民者在科伦坡建的。1520年左右，葡萄牙人依照葡萄牙国王伊曼纽尔的命令建成了要塞区，目的是保护这里的商业活动。罗珀·德布里托曾经和工人、瓦工一起用海蛤做成建筑泥浆，建了一道坚固的防御工事，还在周围挖了壕沟。防御工事位于加勒巴克附近的海峡，看起来很普通，但葡萄牙人可以在墙内观察海上来的敌军。围墙还可以确保科伦坡海港附近的商贸往来安全，那里交易的都是肉桂等当时的高价商品。

葡萄牙人在海港附近建堡垒的目的就是在斯里兰卡建一个据点，当时的葡萄牙是海上霸主，海港附近是个理想的选择。他们显然还想通过防御工事保护新殖民地的商业活动，避免内外敌入侵。

葡萄牙人想掌控斯里兰卡与阿拉伯地区之间的肉桂贸易权。他们的后裔摩尔人有一半葡萄牙血统，垄断了内陆商品的海运出口。当时冰箱还未发明，肉桂既是香料也是防腐剂，在当时的欧洲和中东市场有很大需求，属于贵重商品。阿拉伯神话《天方夜谭》中就提到过锡兰肉桂。

16世纪50年代开始，防御工事从城镇周边的围墙延伸到海边的加勒巴克，一直到贝塔区凯曼门。

1710年科内利斯·斯泰格绘制的《科伦坡德比尔湖风光》

圣若昂防御工事是进入科伦坡城的主要大门，也是去往海港的必经之地。后来，这里变成了圣约翰鱼市。泥墙上的大门后来成了凯曼门，下方是一条河。

这条奔流入海的河起源于贝拉湖，起初是护城河，后来叫作圣约翰河。河里有很多鳄鱼，凯曼门的名字就是源于荷兰语中的"鳄鱼"一词。

老卢西塔尼亚要塞的其他防御工事面向贝拉湖。后来，那里建起了要塞火车站。20世纪初，第四十字街尽头的湖边还有一座圣霍罗尼莫防御工事。

约翰·卡珀在其著作《锡兰生活旧时光掠影》中描述了葡萄牙人统治时期的要塞区："要塞区如今所在的地方曾有一道内墙。防御工事外墙由红壤和石灰砌成，外围还有小型黄铜炮。围墙顺着如今的诺里斯路沿线延伸到圣约翰河。当时的圣约翰河是贝拉湖的一条支流，最终汇入大海。防御工事外墙位于河岸沿线，一直延伸到海滩。"

17世纪早期，防御工事内墙可能在一场地震中遭到破坏。1615年4月14日发生了一场地震，一座堡垒几乎全部坍塌。堡垒是摩尔人建造的，被他们奉为神圣的建筑……防御工事看起来坚不可摧，后来成为一座房子的地基，里面住着一些摩尔人。

葡萄牙人统治时期的科伦坡有一座小山，名为圣劳伦斯山。山上种着大片椰子树，山顶是圣奥古斯丁修道院，通往修道院的路叫作圣奥古斯丁街。荷兰人后来将这座山推平，修建了一座小镇。

葡萄牙人后来还建了一座名为弥塞里科耳狄亚或行善堂的慈善机构，收容生病和有需求的人，这座慈善机构在如今的圣彼得教堂附近。通往这座慈善机构的路叫作弥塞里科耳狄亚街，即后来的教堂街。

1656年荷兰人占领科伦坡，当地很多建筑毁于一旦。荷兰医生沃特·斯豪滕在1676年出版的《东印度游记》中写道："我们在科伦坡下船后，腾出一天时间游览了这个著名的老城。城里很多精美的建筑，甚至整条街道都在战火中沦为废墟。废墟上已经长出了草和灌木。不过，城里还留存着很多宏伟的建筑，有庄严的教堂，宽阔的街道和宽敞的大宅。房屋墙体由石头砌成，又高又宽敞，通风良好，仿佛能永远屹立不倒。"

荷兰要塞

1656年，荷兰人将卢西塔尼亚人逐出科伦坡，将延伸到贝塔区的老防御工事规模缩小，在加勒巴克附近建了一座带高墙的八边形工事。防御工事的规划由一位名为科霍恩的荷兰军事天才提出，他以擅长建造可以抵御猛烈炮火的城墙著称。荷兰人在建城墙的过程中征用了很多奴隶。据一位1675—1680年任职的荷兰总督说，当时有4000名非洲卡菲人参与了科伦坡荷兰防御工事的建设。

比利时医生埃吉迪乌斯·达尔曼斯在他的书中写道："西侧是堡垒，堡垒和城镇之间是一片低矮的平原，面积和整个城市相当。平原上的一条路通往城堡。要塞几乎是方形，有五座残破的防御工事。堡垒南部是一条宽阔的河，西侧是大海，北侧是海湾，东侧是老城。堡垒和老城之间是一条又宽又深的护城河。"

他还提到，要塞有三座大门，还有一些通往西侧工厂和海滩的小门，"那里有一些小棚屋，住着东印度公司的奴隶和他们的妻儿，成了一座黑人村"。

克里斯托弗·斯维茨1688年出版的《日记》中提到了科伦坡的城堡，荷兰人将其称为要塞："要塞区的大型防御工事是砖红壤砌成的，每座都配备了20到30座炮台，还有一道坚固的外墙。海边还有很多石头，船只无法近前。"他还提到城堡西侧海边有一条由东向南延伸的输水通道，位于科伦坡东北方向。城外有一条很宽的护城河，河里每天都有很多鳄鱼。"城堡占地约40英亩。总督、商人、官员和士兵住在里面。城堡和大海之间没有围墙的地方有一些稻草和树叶搭成的小屋，里面住着东印度公司的近4000名奴隶。有荷兰人专门负责看守他们。"

防御工事的命名都源于荷兰的地名。要塞区有三道门，代尔夫特门向东通往贝塔区，加勒门通往南部，水门通往海港。萨利港通往连接奴隶岛和要塞区的路。

代尔夫特防御工事在老时代大楼和加福尔大楼之间。鹿特丹防御工事在阶梯营房东侧一角，如今变成了加拉达利酒店。阿姆斯特丹防御工事在戈登花园，海岸尽头的巴滕贝格防御工事也叫"海城堡"，后来成了军粮街。

霍恩防御工事位于YMCA旅店和跨工大厦之间。米德伯格防御工事在营房朝向大海的一侧。丹·布里埃尔防御工事位于女王宫后面，1676年修建了一条通往这座防御工事的路。约翰·沃尔夫冈·海德特在1744年出版的《近期非洲东印度地理地形》中写道，要塞区除了八座防御工事，还有另外两座："铁匠在其中一座防御工事打铁，另一座防御工事住着水手。防御工事里还有加农炮，一直延伸到海边。"

代尔夫特门是最主要的防御工事，从贝塔区通往要塞区。后来，这里建了一些荷兰殖民时期的建筑，直到20世纪50年代都用作警署。加勒门在女王街和旗杆街的转角上。水门则是从军粮街去往海港的主要入口。

要塞区东部的防御工事朝向一片名为"水牛原"的平原。这里有一座为控制贝拉湖水量而人为修建的水闸，流水冲积形成了这片平原。这座荷兰人修建的水闸里有一块花岗岩石板，上面写着"德比尔1700"，这些文字可能是为了纪念修建水闸的荷兰工程师,或许也是贝拉湖名字的来源。

18世纪前,要塞区环境改善了很多,建了一座市政厅,还有很多住宅。约翰·沃尔夫冈·海德特在1744年出版的《非洲和东印度的地理地形》中写道:"城堡里有漂亮的树,投下一片阴影。树上开着漂亮的黄花。代尔夫特门附近的小马杜尔还有很多高高的椰子树。城堡里的房间都非常宽敞。房屋低矮,从要塞外墙之外几乎看不见房子。除了总督府和市政厅,这里再没有两层以上的楼,因为当地时常刮大风,下暴雨,不适合建高层楼。"

海德特提到的这种树可能是郁金香。小马杜尔可能是凯拉尼河上的一个三角洲,是为了促使贝拉湖形成而修建。湖水流过一片沼泽,沿着要塞区的城墙流向大海。市政厅在后来的女王街,位于戈登花园附近。

海德特还提到了一栋"宏伟的大楼",即总督府,从海港可以看到这一长排高楼。他写道,荷兰总督府左侧有一条直达屋顶的柱廊,从这里可以看到陆地和大海。柱廊下,每天早上都可以远眺风景。他还提到总督府前有一排低矮的房子,总督府有一座葡萄牙修道院,建筑外观和房后漂亮的花园都带有明显的葡萄牙风格。海德特所写的总督府后来成为圣彼得教堂。

荷兰人建的很多建筑都留存到了英国殖民时代晚期。J.L.K.范多尔特在1933年1月的《锡兰荷兰伯格联盟报》中记录了英国殖民时期锡兰岛的情况:"约克街、医院街、贝利街和查塔姆街的一些建筑是荷兰人所建,这些房子古色古香的屋顶很容易辨认。贝利街街角的一扇门边有一块刻着铭文的花岗岩石板,原来的房子已经重建,但石板还在。残暴的维斯特总督在任期间没收了这栋楼,他下任后房子才回到原主人后代手中。据说他就任锡兰总督时一只眼上戴着镜片,另一只眼戴着绿色眼罩,意思是他只要用一只眼就能统治这座不起眼的锡兰小岛。"

英国人统治下的要塞区

1796年,英国人占领科伦坡,保留了高耸的城墙和吊闸大门,还有两座面向大海的防御工事。1869年,英国人才开始拆除防御工事,打通要塞区和科伦坡其他地区。英国当时确立了殖民统治,陆上和海上两个方向都不大可能有敌人来犯,因此他们拆除了防御工事。

要塞区是英国人统治下的斯里兰卡首都,但还最大限度地保留着荷兰特色。罗伯特·珀西瓦尔船长在其著作《锡兰生活旧时光掠影》(1805年)中提到要塞区有八座主要防御工事:"防御工事以荷兰地名命名,有荷兰、莱登、阿姆斯特丹、哈勒姆等。这里还有一些规模较小的防御工事,带有女墙,互相连通,军队可以在防御工事墙后列阵。城墙下方是一条宽阔的大路,环绕着整个要塞,与防御工事和士兵营房相连。外面有一条护城河,整个要塞被一条又宽又深的河沟环绕,每个大门处都有活动吊桥。"

詹姆斯·科迪纳在《锡兰掠影》(1807年)中写道:"要塞由7座不同规模的防御工事组成,由300座重型加农炮护卫。防御工事周长约1.25英里,几乎将墙内完全与外界隔绝。防御工事的三分之二被大海包围,其他部分被一个大淡水湖包围。"

从加勒菲斯广场看到的科伦坡要塞区景象
(约翰·德尚绘于 1845 年)

"通过锡兰岛两侧狭窄的陆地,以及海和湖之间的堤道可以进入锡兰,将堡垒变成了一座小岛。要塞的三道大门朝大海打开。另外三道门对着陆地。"

19 世纪 40 年代,要塞区依然保留着军事化特征。约翰·班纳特在 1843 年出版的《锡兰和军事力量》中写道:"科伦坡要塞是一座不规则八边形工事,建在一个地形崎岖的半岛上。防御工事固若金汤,可以抵御海陆上攻来的敌人。"

艾略特医生在《西蒙兹殖民杂志》上发表了文章《锡兰和主要城镇》,写道:"科伦坡要塞有 126 座炮台,6 管迫击炮,由欧洲军队护卫。军队有 40 名军官,42 名军士,16 名司号兵,780 名普通士兵。"

英国人殖民时期,要塞区只有些许变化,环境有所改善。然而,要塞区也有不方便之处。高墙和狭窄的出口导致墙内空间狭小,空气不能流通。约翰·卡珀在《锡兰生活旧时光掠影》中回忆了在要塞区里度过的时光:"要塞区的入口错综复杂,几乎容不下两辆车同时经过,使得老护城河和城墙入口有种封建王朝时代的黑暗风格,如同迷宫。军队对坚固的防御工事束手无策。我们经常从老城墙向外看落日,看着远处的小渔船在波涛中渐行渐远,消失在地平线上蓬松的云朵里。"

这些文字表明科伦坡要塞区大概像加勒要塞一样，由荷兰人建成，出入口通道狭窄，外面是高高的围墙。卡珀的描述表明围墙很宽，上面有树荫遮挡。从要塞向下看，可以看到从贝拉湖向东奔流的护城河，向西可以俯瞰大海。

已故的J.L.K.范多尔特在1933年1月的《锡兰荷兰伯格联盟报》中发表的文章《老科伦坡》中写道："萨利港大门在一道斜坡上，因为太高，骑在马上很难通过。通道和一座桥相连，如今是要塞车站所在地。萨利港大门附近是一座水门，通往要塞运河。通过水门向上可以到达斜坡路，那里有一个地下火药库，中心是一个通风口。一条小路和水上的一座桥通往火药库，这条水道将贝拉湖与护城河和要塞运河连在一起。"

倒塌的墙

1869—1871年间，赫拉克勒斯·罗宾逊爵士在任期间下令拆除了防御工事，科伦坡要塞区发生了巨大变化。英国人在殖民地确立统治后，商业贸易的需求开始增长，因此他们做出了这个决定。

约翰·弗格森在1903年出版的《早期英国对锡兰的殖民统治》中写道："19世纪60年代，要塞区的围墙才被拆除。这里的老住户还能回忆起250年前科霍恩建的老要塞大门、萨利港、护城河、吊桥和外墙。

"从可培提一侧穿过桥，通过防御工事下方的大门，和哨兵打招呼后，就会看到总督府笼罩在一片木槿花的荫翳下，当时这些花开得比现在鲜艳得多。"

威廉·斯基恩在1870年出版的《亚当峰》中描述了当时被拆除的防御工事："防御工事的老墙和排炮形成了一道风景，墙上的垛口处架着枪，在这里现代科学都变得毫无用处，要塞城墙坚不可摧。"他补充写道："无须预言，科伦坡的变化已经带来了显而易见的好处。就像蛹破茧成蝶一样，这座戒备森严的城市逐渐变得风光怡人。从柯露皮蒂亚穿过加勒菲斯绿地广场，科伦坡市里的建筑坐落在宽阔热闹的街道上，街边的郁金香树在房子上投下阴影，对于来到这里旅行的人来说就是一道最美的风景。这里也是当时东方城市中发展得最好的。"

约翰·卡珀在《锡兰生活旧时光掠影》中回忆了要塞区防御工事拆除后不久的景象："古老坚固的城墙象征着昔日的荣光，如今已经归于尘土，轰然倒塌。当时没有敌军敢突破要塞区防御工事，因为墙边有短射程加农炮，攻向高墙的炮弹都毫无作用。"他又写道："长草的城墙，弯曲的老树，有孔洞的城墙，古老的大门和沉重的吊桥都不复存在，科伦坡变得更加宽敞，通风良好，环境怡人，但看起来没有往日那么壮观。"他还写道："要塞区的遗迹如今只剩下几座荷兰老式房子，古老的墙已经倒塌，只有一两个行人偶尔经过。路边有一些郁金香树和破旧的墙。向远处看，可以看到大海上挂着白帆的商船，船只驶向地平线，像发光的鹦鹉螺一般，逐渐消失在视线里。"

早年间，护城河将贝塔区和东部的防御工事分隔开来。如今，护城河已经被防御工事的鹅卵石填平，成了荷花路，后来则变成了一块开阔地。护城河所在的地方后来变成了中央电报局。

1872年，威廉·莫里森·贝尔在游记中提到了要塞区："我们穿过了宽阔的草坪，经过之处两侧是大海，随后来到白色城镇科伦坡。科伦坡的总督宅邸是一座灰泥砖砌成的大宅，周围是不同的商铺、营房、防御工事、邮局、总督府办公室、酒店和本地商店。"

留存至今的要塞遗址

虽然很多人认为英国人已经将荷兰要塞全部拆除,一部分要塞的遗址还是保留了下来。要塞一共包括八处大型防御工事,还有一些规模较小的工事。如今,这里还能看到一些备用的排炮。

代尔夫特门如今是布里斯托街的商业银行,也是一处防御工事遗址,如今由考古部门管理。荷兰要塞的东大门通往贝塔区,一直留存到 20 世

布里斯托街的商业银行,曾经是代尔夫特门。

纪60年代左右。后来科伦坡市内车流量日益增大，修建了新路，才将大门拆除。冒险作家布洛克·艾略特在1937年出版的《锡兰实录》中写道："曾经壮观的要塞城墙如今只剩一截断墙，位于女王宫后面朝向大海的地方。"

近年，考古学家克里森·蒙迪斯在《星期日时报》上发表了文章《发现科伦坡要塞遗址》。他曾在科伦坡港口和加勒菲斯绿地广场之间的海军总部发现了一座遗址，有四管加农炮。他还找到一扇废弃大门，上面已经长出了树，只能依稀辨认出门上"1676"的字迹。那里还有一段长约20米的墙，应该就是老荷兰要塞遗址。

街名及起源

科伦坡街道多由欧洲人命名。1806年的规定写道："每条街应写有街名的铭牌，钉在街角宽敞处，每座房子都要编号。"

要塞区最主要的街道是国王街。维多利亚女王登基后到伊丽莎白二世统治时期，这条街改名为女王街。1972年5月锡兰改国名为斯里兰卡共和国，这条街更名为"总统街"，沿用至今。

这条街大概得名于当时英国驻锡兰总督的宅邸国王宫。这座宅邸后来改名女王宫，如今叫作总统府。国王街这个名字或许来源于荷兰语，英国人接管科伦坡后，将街名译成了国王街。

另一条重要街道是王子街，可能是根据英国王室的一位王子命名，不过具体是谁现在已经无从得知。这条街如今叫作巴伦·查亚提勒克爵士街。巴伦·查亚提勒克爵士在两次战争期间成为斯里兰卡国家议会主席，在"二战"期间承诺支持英国，因而获得了爵士头衔。

要塞区爵士街可能是根据约克爵士命名，他是乔治三世的儿子弗雷德里克·奥古斯都王子，18世纪90年代中期任英军总指挥。约克街的名字大概源于英国约克郡，英国人取代荷兰人接管斯里兰卡后得名，也可能是为了纪念约克爵士。

过去的约克街

要塞区查塔姆街距离科伦坡港口很近，这里过去有很多英国水手。这个名字大概源于英国肯特郡的查塔姆海军船厂。船厂为英国皇室海军造船，使英国海上帝国的地位维持了数个世纪之久。

和王子街一样，贝利街街名的修改也蕴含着英国人的种族优越感。如今，贝利街以一位不知名的赌博大亨的名字命名，叫穆达利街。

贝利街的名字可能来源于查尔斯·贝利上校，他是19世纪早期驻科伦坡指挥官。古英语中，贝利一词指城堡等防御工事最外侧的围墙。19世纪70年代拆除的老科伦坡要塞遗址当时或许延伸到了这条街附近。

医院街上有一座1616年建成的荷兰老医院，如今变成了一栋综合商场，里面有餐厅和商铺，供科伦坡富人消费。这家医院在荷兰人统治时期就扮演着重要角色。约翰·沃尔夫冈·海德特在其著作《非洲和东印度的地理地形》（1744年）中写道："我认为东印度公司在科伦坡的医院是东印度群岛最好的，这里有各种昂贵药品，还有一位医生，一间医学实验室，配备了三名用药经验丰富的助理。公司给医院配备了很多奴隶，让他们照顾病人。病房还有总负责人，负责统管病人和奴隶。"

现在的荷花路南侧是老议会大楼（即如今的总统秘书处），北侧是希尔顿国际酒店。这条路的名字可能源于英国统治时期附近的荷花池。约克街和医院街之间的运河街当时有一排房子，朝向一条河，如今河流已经消失不见。

要塞区最北部的教堂街和主街之间的莱登要塞路的名字源于一座荷兰人修筑的旧要塞。科伦坡海港附近的代尔夫特仓库也以要塞的名字命名。布里斯托街原来是老布里斯托酒店所在地，后来改名拉齐克·法里德街。

树木成行的街道

如今的科伦坡要塞区到处都是混凝土大楼、柏油路和没有树的人行道。过去的要塞区有很多树木成荫的小街，从荷兰人统治时期开始就是如此。街道两边的树上花团锦簇，很像法国的林荫大道。

克里斯托弗·斯维茨在1688年出版的《日记》中写道，科伦坡的城堡周围是防御工事，街上有很多坚果树，"这些树不结果子，只是常年开满黄、红和白色的花，没有什么气味，很像郁金香"。这些树很可能是桐棉树。

荷兰人对这些树视若珍宝，甚至为了保护它们而颁布了一部法律。1751年6月，荷兰人发布了一则公告，禁止砍伐要塞区的树，也不能砍断树枝。詹姆斯·科迪纳在1807年出版的《锡兰掠影》中写道："要塞区里风光优美，街道笔直宽阔，规划整齐，以一定角度相互交叉，路两侧都有成排的树木。房屋都非常整洁，前面有阳台，距离地面数英尺，种着草和花。路边是桐棉树，枝叶茂密，在特定季节会开黄花，看起来很像较大的郁金香。"

19世纪30年代正值英国在斯里兰卡统治的巅峰时期，这些树都被砍伐殆尽。威廉·迪格比这样的英国官员都对此表示不满，他在1879年出版的《东方殖民地40年：从官员到平民》中写道："荷兰人修建的街道边种着成排的树，风景优美怡人。这里住着有斯里兰卡血统的荷兰人后裔。

"荷兰人颁布公告，规定住户必须在门口种树，如果不浇水或不保护树木将受到惩罚。这一做法值得称赞。1837年，英国人将这些树砍掉，或连根拔掉了。"

19世纪30年代后，科伦坡主要街道两侧都有树，不知道是英国人新栽种的，还是他们当年没砍掉的。约翰·班纳特在1843年出版的《锡兰和军事力量》中写道："国王街非常宽阔，种了很多郁金香和面包树，绿树成荫。房屋前都有花园，种着灌木和花圃。房后是马车房和马厩。"艾默生·坦恩在1859年出版的《锡兰》中也写道："穿过吊桥，通过米德尔堡防御工事下面的老荷兰大门进入科伦坡要塞区，我们沿着主街驾车，路边是郁郁葱葱的桐棉树。"这里说的主街就是国王街。

曾任锡兰步枪队军官的霍雷肖·约翰·萨克林所著的《锡兰概述》（1876年）中也提到了要塞区树木成荫的街道："科伦坡给人的第一印象就是风景宜人，令刚经历过长途旅行的人心旷神怡。这里的码头、海港和街道两旁都有成排的郁金香树，遮蔽了强烈的阳光，仿佛花园一般，与马路的红色形成了鲜明对比。这样的风景会给外地来的人留下强烈的印象。"

街道边绿树成荫的景象在20世纪初之后就不复存在了。阿诺德·怀特在1907年出版的《二十世纪锡兰印象》中写道："到达码头后，就到了约克街。这是要塞区的一条主要街道。街道的上端两侧绿树成荫。"

怀特的描述说明这条街的其他部分和其他街道可能没有这么多树。一条从女王宫通往加勒的路边就没有树荫。1920年由航海局出版的《锡兰科伦坡》航海手册中这样描述两次战争期间的科伦坡："通往加勒的路从南边一直延伸到灯塔。行人从路上走过，阳光强烈，天上几乎没有一片云彩。这个人却感觉有雨滴落在身上，抬头看去，他发现自己经过了一棵'流泪的树'，树叶上夜间凝聚了水汽，清晨太阳出来后水滴就落了下来。"

国王宫

要塞区是英国统治下的斯里兰卡首都,有很多属于政府的建筑,其中最主要的就是国王街上的国王宫。这栋建筑几度更名,曾经是斯里兰卡总督府,维多利亚女王到伊丽莎白二世在位期间叫作女王宫,直到锡兰成为独立共和国后又改名总统府。

托马斯·梅特兰爵士曾住在拉维尼亚山,他任职期间,想在要塞区找一座宽敞大宅作为英国总督府兼住所。他在要塞区中心租了一座宽敞舒适的房子,也是这里最大最豪华的房子。

这座房子就是安吉比克公馆,属于斯里兰卡最后一任荷兰总督杰拉德·范安吉比克。范安吉比克的侄女后来嫁给了一个英国政府职员乔治·梅尔维尔·莱斯利。莱斯利任邮政局局长期间负债累累。1804年,范安吉比克家将这栋估价3.5万银元的房子慷慨赠予了他。这栋房子随后成为总督宅邸,后来又改成了拉维尼亚山旅店。

詹姆斯·科迪纳在1807年出

女王宫入口(A.M. 弗格森1868年绘)

版的《锡兰掠影》中描述了荷兰总督范安吉比克的住宅:"这是要塞区最大最豪华的宅邸,如今属于托马斯·梅特兰总督阁下。房子位于主街,共有两层。阳台上层视野开阔,可以看到大海、马路和船只。阳台另一侧是湖、贝塔区、肉桂种植园和亚当峰环绕下的大片土地。"

后来,英国总督入驻,这座房子改名国王宫。1847 年,艾略特医生在《西蒙兹殖民杂志》发表文章《锡兰和主要城镇》中写道:"总督宅邸国王宫在国王街,房子后面是一座灯塔,灯光距离海平面 97 英尺。夜间天气好的时候,地平线上可以看到灯光。"

国王宫承办了很多庆典。康提王国此前一直对抗英军,1815 年签署康提协议后向英国投降割地。英国总督罗伯特·布朗里格爵士胜利返回科伦坡,在国王宫举行了庆典。

庆祝活动在贝塔区凯曼门举行。人们立起了一座胜利拱门,总督从拱门穿过,军队在主街到国王宫的路边列队。皇家炮兵队、要塞区排炮、皇家护卫舰、阿尼斯顿运输船和东印度公司的船舶锚地都发射三声礼炮以示庆祝。总督在国王宫接受了人们的喝彩,庆祝就此结束,国王宫开始举办舞会和晚宴。

这栋大宅后来经历了多次改建。19 世纪 50 年代,房子完全重建。19 世纪 60 年代前,这里名为女王宫,是总督府,也供总督招待客人。希金布洛克子爵在 1879 年出版的日记《锡兰和印度》中写道:"我们晚上去女王宫参加总督詹姆斯子爵和朗登夫人的舞会。"

布洛克·艾略特在 1937 年出版的《锡兰实录》中将女王宫描述为"一座 19 世纪的典雅二层小楼,属于荷兰建筑风格,周围枝蔓丛生",并写道:"1804 年 1 月 17 日,英国政府从最后一任荷兰驻锡兰总督那里买下了这栋房子。荷兰总督的侄女婿在荷兰邮政局任职,这个年轻人挪用公款,欠了金库很多钱。荷兰总督将这栋房子转给英国政府'还债'。房子西侧有座朝向大海的漂亮花园，里面还有一间华丽的舞厅和一个画廊。"

菲奇·泰勒在《环球游记：在乔治·C.里德准将麾下随东印度中队东游记》（1840年）中提到了当时的总督府："我信步走到阳台，宅邸两侧的廊柱和建筑主体的长度接近，周围环绕着花园。我经过上面的会议厅，在窗边闻到了海风的味道，在一层的阳台也能感受到。大海！波涛翻滚，深不可测的大海，美丽、神圣、永恒的大海，时而平静，时而狂暴。无边无际的大海就在这座总督宅邸前。这栋楼由主体和两侧廊柱组成，四周环绕着阳台，前后都有巨大的柱子。主体建筑二层有一个两端开放的阳台，在两侧廊柱的顶棚上方。"

他还写道："我走上楼梯来到二层阳台，总督也走了过来。我们倚在栏杆上，欣赏面前的景色，他觉得此情此景充满诗意。我们漫步在阳台上，俯视着海岸和花园，远处是像宝塔一样的灯塔。明亮的月亮挂在深蓝色的明净夜空中，缓缓移动，光芒柔和庄重，周围只有几缕云彩。无边的光辉使夜景更加迷人，在深沉的夜色中投下片片阴影。"

如今的总统府氛围庄严，当时这座房子里的生活却是无忧无虑的。维多利亚女王时代，这栋房子叫作女王宫。R.L.布洛希尔在1934年为《锡兰观察者年鉴》供稿的文章《百年前的空中纸鸢》中记录了一个名为J.B.西贝尔的老伯格人小时候在加勒巴克放风筝的故事。风筝线断后，他的风筝落到了女王宫附近的树上。他写了一封信："先生，我的小风筝落到了女王宫附近一棵高高的树上。能否请您告知总督，允许我拿回风筝？感激不尽，盼望您尽快回复，我的地址是国王街5号。"

不到半小时后，他拿到了风筝，还有一封回信："来信收到。总督指示将风筝拿下来归还给你，希望以后风筝不要再飞到女王宫。"

阿诺德·怀特在1907年出版的《二十世纪锡兰印象》中描述了这栋建筑："科伦坡政府办公厅宽敞精致，坐落于海边美丽的花园中，扮演着多重社会角色。朝向邮局总办公室的是入口，进去后是一个宽敞舒适的大厅，出去后是通向二层的楼梯。右侧是数不清的卧室，左侧是议会成员开会的地方。楼梯上方有一幅精美的维多利亚女王画像，是女王1853年赐予斯里兰卡的。走上台阶，就到达了一个华丽的舞厅，还有装修精美的画廊……房子周围的花园占地八英亩，几乎从各个方向都能看到大海。此外，这里还有接待室、餐厅、访客房间等。房子里配有电灯、电扇。"

1948年2月锡兰独立后，这座房子还叫作女王宫，因为当时锡兰依然是英国领地。女王宫的地位依然重要。1948年2月4日，锡兰独立后第一任总督亨利·摩尔在这里宣誓。1954年4月，伊丽莎白女王游览锡兰时还到过这里，和公爵参加了一场晚会。晚会在树下举行，树上挂着各种颜色的彩灯，在天鹅绒般的夜幕下闪闪发亮。1972年5月22日，斯里兰卡成为独立共和国，这栋房子才改名总统府。

现在这栋宅邸除了增加了一些现代化设施，基本没有什么变化。入口处建了一个大铁门，有哨兵把守。宅邸总占地四英亩，种着各种棕榈树、灌木和开花的树，还有一块空地用于招待来宾。

商业中心

科伦坡要塞区在英国殖民统治中期变成了一个商业区，曾经是居民区的地方也都变得商业化。这里有小商铺，也有大商店，有钟表匠、鞋匠和裁缝。不过，要塞区的制造业公司不多，早年间只有王子街的沃克公司。这家公司是斯里兰卡成立最早的工程企业，创始人是一个天才发明家——苏格兰人约翰·沃克——他于1842年来到斯里兰卡。这家公司1881年开始营业，到20世纪早期时占地11英亩，雇员多达2000人，主营铁制品、水力设备、机械桥梁、铁船，还制造军火武器、坦克、摩托车、自行车。

这里最早的商业活动都是围绕旅游业衍生的。欧洲人主导技术类产业，本地人则主营宝石、珠宝和手工业等行业。查塔姆街的W.L.H.斯基恩是19世纪70年代斯里兰卡最早的照相馆，出售风景照片。照相馆宣称他们拍到的是斯里兰卡最美的景色。

斯里兰卡人垄断了宝石、珠宝和手工艺品行业，到科伦坡港的游客都会先去逛逛这些商铺。尤金·怀特在1929年出版的《伟大的牛角匙》中回忆了他到科伦坡时的情形："一条铺着石块的路两边是白色的建筑，从码头延伸过来，还有两条路分别通往左右两侧，路边都是办公楼，外在壮观但内里萧条。我停下来查看方向，锁定了科伦坡市中心，然后沿着中间

20世纪的维多利亚拱廊大楼

的街道走去。商店橱窗里的天然和合成宝石闪闪发光,有欧泊石、红宝石、猫眼石和我没见过的几百种宝石。我后面的一个人拿着一个漂亮的船模匆匆走过。还有一个人梳着女式发型,走向装着乌木做的大象和象牙雕刻工艺品的篮子。"

威廉·T.霍纳迪在 1922 年出版的《丛林中的两年》里描写了摩尔人在要塞区开的各种小店:"商店里有象牙雕刻的工艺品、乌木做的大象和鹤,工艺精美。工匠将象牙锯成小块,精心打磨,做成轻薄如纸的工艺品。这里有象牙工艺品,来自中国的檀香油盒子、龟壳做的盒子、表链、梳子、豪猪刺做成的珠宝盒、乌木、象牙和宝石。"

20 世纪 40 年代前,约克街就有 10 家珠宝商。如今,查塔姆街还有一些店在营业。"二战"前,查塔姆街还有一些铜器店。20 世纪 50 年代,麦金农大楼里的工艺品店出售本地玩偶、龟壳做的工艺品、乌木做的大象和豪猪刺做的盒子。到 20 世纪 80 年代,查塔姆街还有很多珠宝商。

还有一些商店进口西方商品,以满足本地外国人的需求。20 世纪 50 年代,约克街东方大酒店的 O.L.M. 麦坎·马卡商店出售男士蚕丝套装和鲨皮布衣服,目标客户显然是从附近科伦坡港过来的外国游客。这里还有一些办公用品店,卖打字机、复印机、计算器等。

不过，要塞区商业化的主要推手还是大型商铺。阿拉斯泰尔·麦肯齐·弗格森在1868年出版的著作《锡兰纪念品》中写道："要塞区对科伦坡其他地区来说相当于伦敦。所有科伦坡商贩都聚集在要塞区，这里有中央政府办公楼，但政府机构、行政机关和法院在其他地区。要塞区的街道晚上实行宵禁，欧洲商人返回海边别墅休息，伯格人和本地职员则回到贝塔区和周边地区的简陋房子。"

要塞区后来出现了很多欧洲大公司，进口外国商品，出口本地种植园的产品。阿利斯特·麦克米伦在其著作《印度和锡兰海港》（1928年）中描述了女王街上的达利·巴特勒办公楼：墙体很厚，楼顶是尖塔形，后面还有庭院，是科伦坡最古老的楼。"这些楼房是红瓦屋顶，明显能看出岁月的痕迹。很久以前，这里曾经有各种各样的商贩。"20世纪60年代，锡兰保险公司入驻，在原来的基础上加盖了14层楼。J.R.贾亚瓦德内政府1977年开放经济，科伦坡建起了很多高楼大厦，在那之前这栋楼是科伦坡最高的楼。

女王街上的斯图尔特宫是斯里兰卡最早的商业中心，1837年，詹姆斯·斯图尔特建立了乔治·斯图尔特公司，如今改成了一家酒店。女王街的E.B.克里西公司是20世纪50—70年代锡兰独立后成立的公司，主要出口斯里兰卡的椰子和香料等产品。

"二战"前，要塞区有嘉吉、米勒斯等公司。达利·巴特勒公司在女王街，布罗迪公司在查塔姆街。艾特肯·彭斯公司和J.M.罗伯森公司在王子街。

H.A.J.胡鲁嘎勒在《科伦坡市议会百年纪念册》（1965年）中描写了科伦坡商业活动："科伦坡第一家英国公司大概是W.C.吉布森。这家公司一开始在加勒经营，后来搬到了科伦坡。"

"1816年，科伦坡有一家英国钟表公司。阿克兰·博伊德公司1829

要塞区的大楼

年成立，创始人乔治·阿克兰和乔治·海·博伊德曾经做过水手。女王街上的办公楼当时叫作老政府楼。爱德华·巴恩爵士以3050银元的价格将这栋楼卖给了T.R.巴克豪斯。"

胡鲁嘎勒生活在20世纪60年代，那时很多老公司已经关门或搬出要塞区。"很多老商店消失了。惠罗公司在王子街的大楼如今成了C.W.E.公司。一个叫爱德华·卡希尔的爱尔兰人在查塔姆街成立了一家男装公司。沃克公司在主街有一家零售店，布朗公司在查塔姆街开了一家店。"

"这些公司的橱窗里有摩托车、自行车、器械和园艺工具。现在很多公司都分散在科伦坡各个区，有的因为进口禁令而关门了。猎户公司在要

要塞区四大建筑：希尔顿酒店、两座双子塔、锡兰银行

塞区和贝塔区边界上开了一家店，通过并购茶叶出口商和健康公司扩展了生意规模。"

20世纪60—70年代时，很多欧洲大企业都在科伦坡要塞区设立了分部，后来或关闭，或迁到了郊区。这些企业对要塞区的发展起到了很大的推动作用，如今的老建筑和新大楼依然毗邻而立。要塞区建起了世界贸易中心双子塔和锡兰银行塔，如同巨大的竹子般直冲天际。但约克街的嘉吉公司同样引人注目，这栋楼的外墙是漂亮的褐色，建筑风格带有殖民时期的特点。

要塞区很少有非欧洲裔的企业家。有一位帕西企业家达迪·帕西，他在要塞区国王街做生意，从海关收缴的拍卖品起步，20世纪早期甚至掌控了大部分科伦坡港口货物出入的生意。后来，印度人开的 K.K. 马德哈万公司位于女王街，20 世纪 60 年代时出售瓶装"大使"牌棕榈酒。这家公司在科伦坡地价最贵的商业区之一，生意应该很兴隆。

"二战"前，很多摩尔珠宝商在要塞区开店。20 世纪 40 年代前，女王街的丁斯顿公司是一家斯里兰卡古玩和珠宝出口商。

早年间，要塞区唯一由僧伽罗人开的公司是庞奇·信合兄弟公司。20 世纪 50 年代时，这家公司在女王街设了展示厅，向顾客展示、宣传和出售各种珍贵宝石。20 世纪 70 年代，约克街的 B.P. 德·席尔瓦主营珠宝镶嵌。

要塞区的大楼里有很多本地和外国公司，这是人尽皆知的。约克街的维多利亚拱廊大楼也叫作约克拱廊，里面有很多家公司。《二十世纪锡兰印象》将 1907 年约克街的拱廊大楼描述成"东方大酒店对面的现代大厦"，二层有很多办公室。20 世纪初，斯里兰卡最早的新闻机构路透社电报公司也在这栋楼里。电报公司要处理大量与海运息息相关的电报。

宝石天堂

要塞区曾是一个宝石集散地,这里有斯里兰卡能找到的各种宝石。摩尔人垄断了当地的宝石生意。

玛丽·索恩·卡彭特在其游记《在印度过冬》(1892年)中描写了这些住在东方大酒店附近的精明商人,"低矮的商队旅馆上方有一道拱门,这里住着很多人,有商店、要塞区唯一的药店和书店。宽阔的街道上有一长排人力车和双轮双座马车,苦力工光着上身懒散地蹲在地上,看起来几乎和脏兮兮的破布融为一体。他们不能接近酒店,都等着门房招呼。一旦有了活儿,他们就跳起来跑到车辕之间,拉着车开始飞跑。这里还有珠宝店,里面有各种闪闪发亮的珠宝,但很少有上乘的红宝石和蓝宝石。伦敦和纽约的大公司购买了所有珍贵的宝石,把有瑕疵的留给游客。不知情的游客来到这里,摩尔人就会冲出商店,将名片塞到你手里,拉着你进店,没人能躲得过。进去后,店里提供扇子和椅子。他们会带你坐在桌子边,桌上是一堆堆发光的红宝石、猫眼石、蓝宝石、月光石。如果你想要,就可以开始讨价还价,和卖家进行一番唇枪舌剑。这些珠宝商很会逢迎,会视顾客的态度抬高或降低价格。一旦流露出哪怕一点儿对宝石的兴趣,你就会成为珠宝商的猎物,他们会悄悄偷走你下午四点在阳台上喝下午茶的

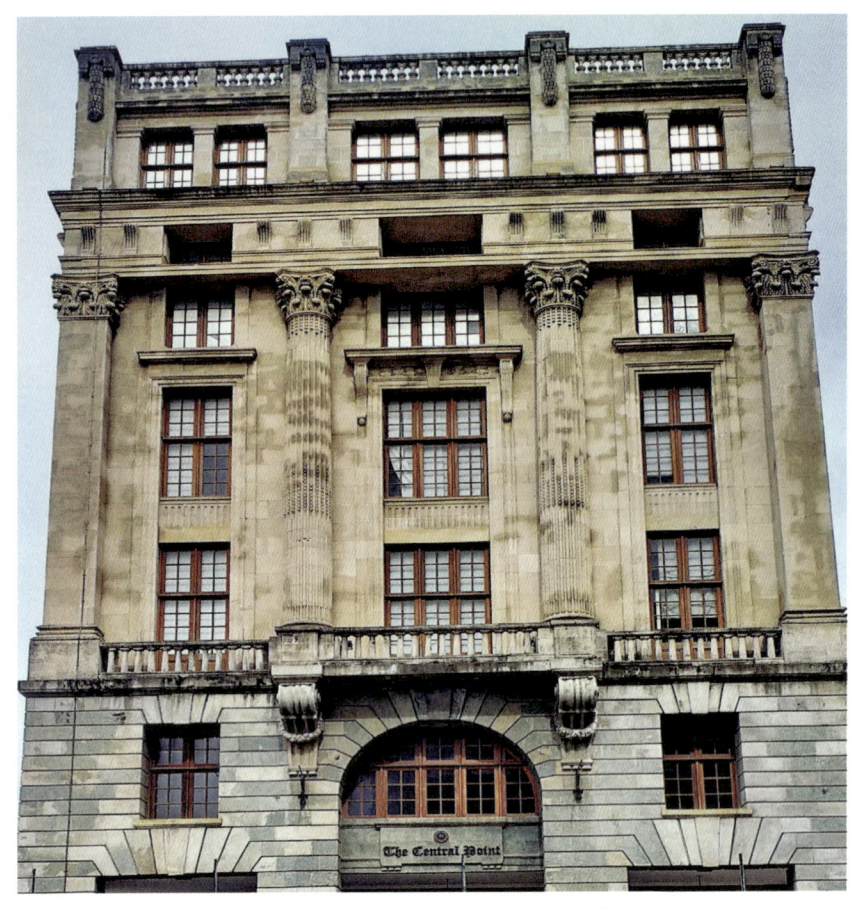

1929年赫伯特·斯坦利总督开的阿卜杜勒·加福尔宝石博物馆，从这里可以俯瞰科伦坡海港。

时间，将闪光的宝石放在一块羊绒上呈到你眼前。他们还会突然走过来，或离开一阵，回来后还是一样温和。他们永远保持礼貌谦恭，最后会提出原价基础上十分之一的价格，让你万分惊诧"。

雷金纳德·法拉在其《老锡兰》（1908年）一书中提到了一位要塞区的摩尔珠宝商。"微笑的摩尔人立在店外，打着手势请你进去看看珠宝。他家里的男孩还会吵嚷着跑到大街上拉你进店。一旦你被吸引，就走不了了。店主温和地微笑着,将盛满珠宝的托盘放在你面前,珠宝下面垫着黑色天鹅绒,上面有来自最北部山区的绿松石、欧泊石、绿玉和绿宝石,还有锡兰出产的宝石。"

他还提到了形状和颜色对西方人来说见所未见的红宝石和蓝宝石,有天蓝色的蓝宝石、金色的蓝宝石、杏色的蓝宝石,和清晨露珠一样清透的蓝宝石等。他还说,科伦坡珠宝商手里都有很多猫眼石,大部分摩尔珠宝商都声称他们有世界上最大的宝石,会将猫眼石放在金盒或一块羽绒布上拿出来。圆形的猫眼石颜色类似豌豆汤,散发着猫眼般的光芒。

就算被顾客拒绝,这些精明的商人也不会罢休。法拉写道:"如果你对珠宝不感兴趣,摩尔珠宝商会打开保险箱,带着微笑,拿出用丝绸或羊皮包裹的东西,放到柜台上,可能是像小土豆一样大、鸡蛋状的深蓝宝石。蓝宝石的每个面都放射出光芒,中心像夜空一样呈深蓝色,外侧则散发出柔和的天蓝色。"

弗朗西斯·凯耶斯在1926年出版的《好家务》中发表了一篇文章《珊瑚带》,从游客的视角描述了珠宝商人阿卜杜勒·加福尔:"每到周五,阿卜杜勒·加福尔都会锁上门去清真寺。其他时间,他会带着土耳其帽站在门口亲自迎接顾客,招呼你进门坐下,拿出一大把宝石,就像阿拉伯《天方夜谭》里描写的一样。他说月光石只是勉强称得上是宝石,这种宝石都在桌上随意堆着。蓝宝石、托帕石等宝石放在带有银饰的乌木象雕和金子、象牙做的雕花首饰盒之间。天鹅绒上的蓝宝石和红宝石是斯里兰卡的一大特色。这里还有绿宝石,你喜欢绿宝石吗?他马上就会把闪光的绿宝石放到你手里。"

要塞区另一座宏伟的老建筑是加福尔大楼,这栋楔形大楼有华丽的穹顶,从贝塔区延伸到要塞区附近。这栋楼是珠宝商人N.D.H.阿卜杜勒·加福尔建的。阿利斯特·麦克米伦在《印度和锡兰海港》(1928年)

中写道:"科伦坡最宏伟的建筑之一就是建于1915年的加福尔大楼,属于N.D.H.阿卜杜勒·加福尔,他的大型珠宝店就在这里。锡兰以宝石著称,加福尔的店里有各种宝石,有从地下采掘出来的、未经切割的原石,价值抵得上一位国王的赎金。加福尔向全世界皇室和名流出售珠宝,买家有乔治国王、玛丽女王、比利时国王、西班牙女王、罗马尼亚王后、威尔士王子、约克公爵和公爵夫人等。"

加福尔大楼如今依然存在,曾经有弗雷德·珀西等多家商铺在这里经营。"二战"期间,这栋楼里有一家牙医诊所,还有集复印、出版、售书于一体的H.W.卡威公司。

约克街还有一栋奈格里斯大楼,属于奈格里斯家族,他们经营各种买卖,也做海运供应商。"二战"期间,这个家族做冷冻品生意。这栋楼里还有克里希纳和罗杰公司及雷瑟斯公司,是菲罗多等公司的代理商。

20世纪50年代,这栋楼里有一家卖英国产圆珠笔的公司,在当时圆珠笔还是奢侈品。如今,这里成了一家连锁超市。

约克街的布里斯托大楼也是一栋殖民地时期风格的建筑,里面有很多20世纪20年代到80年代成立的珠宝店,后来搬到了可培提的阿尔弗雷德花园。这栋楼里的珠宝商做镶嵌珠宝的象牙制品等工艺品。20世纪50年代,这里还有纺织品、珠宝和古玩公司。1983年泰米尔人发动暴乱,这栋大楼在大火中被焚毁。

约克街的澳大利亚大楼还有很多钟表店。惠罗公司在搬到王子街之前也在这栋楼里。查塔姆街的德梅尔大楼在两次战争期间被称为"要塞区现代办公室"。20世纪50年代,这栋楼里还有科伦坡货船公司。王子街的王子大楼里有哈里森和克罗斯菲尔德公司。雷蒙德公司和英镑石油公司在马修大楼里。

要塞区的"现代办公室"还有荷马斯大楼和布里斯托街的摩尔伊斯兰文化宫，锡兰船业公司在文化宫大楼里。1997年建成的世界贸易中心37层双子塔由新加坡籍建筑师陶欣伯花费五年建成，这栋现代大楼里入驻了更多公司。

查塔姆街：最繁华的街道

查塔姆街是要塞区最繁华的街道。荷兰殖民时期，这里还不算商业区，只是有很多酒吧。查塔姆街有一条"啤酒街"，据说一位名叫范·德梅登的女士在这里开了一家旅店，供应荷兰金酒。

在英国殖民时代，当地娱乐风气有所收敛，但查塔姆街已经是一条繁荣的商业街。卡尔·范施尔泽在1861年出版的《乘诺瓦拉奥地利舰环游世界》中写道："我们在要塞区街上闲逛，在查塔姆街的一家甜点烘焙店驻足。查塔姆街是要塞区的主要街区，有大量重要仓库，有些囤积的是待售的冰块，对于科伦坡这样一个距离赤道很近的地方有神奇的作用，这里看起来不像富人区。冰是经由好望角从美国波士顿运来的。"

近50年后，亨利·卡威在1910年的《锡兰政府铁路插图导览》中将查塔姆街描述成"一个奇妙的混合体"，这里"有饭店、珠宝店、奇珍异宝店和精品店，房子大多很老旧，都是平房。这是航海时代的老科伦坡留下的印记"。J. 威查亚汤加在1955年出版的《兰卡岛》中写道："查塔姆街上斜停着很多车，车主都是来这里购物的。这里有很多信德人和中国人开的商店。查塔姆街尽头有一座钟楼，本地人将钟楼涂成了亮红色。"

查塔姆街和要塞区其他很多地方一样，20世纪60年代达到巅峰时期，

20世纪30年代查塔姆街东方丝绸店

海上货运发达，后来才出现集装箱船运。水手在科伦坡港下船后，会到饭店享用美餐，逛珠宝古玩店给心爱的人买礼物。当时这里还有一些大树，在炎炎夏日里带来一丝清凉。

这里还有很多个"第一"。1903年，要塞区查塔姆街的一间大厅第一次公开放映电影。后来，这座大厅成了宝塔饭店。20世纪早期，爱尔兰人爱德华·卡希尔建立了E.卡希尔男装公司。汉斯福德是一家时尚女士发型店，"二战"前也在这里逐渐发展壮大。查塔姆街还有很多要塞区的老店，或许是因为这里距离港口较近，带来了一定优势。G.B.品托公司或许是查塔姆街上唯一营业到20世纪70年代的药店，后来药店变成了一家穆斯林旅店。

查塔姆街以丝绸、手工艺品和珠宝店闻名，吸引了很多游客。布洛克·艾略特在1937年出版的《锡兰实录》中写道："查塔姆街有很多卖上等商品的商店，陈列着丝绸等东方特有的货品。""二战"前，很多信德丝绸古玩商都在白屋大楼开店。20世纪50年代，阿卜杜勒·加福尔公司的加福尔丝绸店生意兴隆，弗格森纺织品的裁缝店和经销商也是如此。

东方丝绸店卖丝绸纱丽和套装，经常开到很晚。查塔姆街还有一家名为马利卡·巴瓦斯的裁缝店，位于G.B.品托斯公司药店旁边。20世纪

60年代，科伦坡的名门望族给这家裁缝店提供了很多支持。小店一直经营到20世纪80年代才停业。

查塔姆街的珠宝商也很有名，20世纪50年代至今依然在营业。S.L.A.M.马卡家卖古钱币和本地手工艺品，路对面还有古那达萨和塞纳瑞特尼等几家珠宝店。戴安娜公司成立于"二战"前，经营者是乔拉家族，一直经营到20世纪80年代。

这里还有一些运动商品店，一度生意兴隆。德梅尔大楼旁边的运动员公司成立于20世纪50年代，出售板球、羽毛球、网球和壁球球拍，德梅尔家族是德梅尔公司主要持股方，20世纪90年代关店。查塔姆街上还有一家小店法贝尔，主要给球拍装弦，和这里的其他店一样，20世纪60年代时生意很兴隆。

受欢迎的中国城

从"二战"时期开始,很多中国人在要塞区做生意,尤其是查塔姆街和约克街。中国人开的多数是饭店和丝绸店,他们对这两种生意很在行。

约克街上的自由中国饭店就是这样一家店,位于约克宫。20世纪40年代中期,这家饭店逐渐有了名气。60年代时,这家店的青椒炒面很受欢迎。店里供应500多种菜品,还有五种口味的"锡兰最佳"冰激凌。饭店还承办当地中国人的婚礼,提供猪肉和南瓜汤等传统中国菜。

20世纪70年代,约克街上的另一家饭店中国胜利饭店也很受欢迎。虽然饭店1963年遭受火灾,后来还是继续营业了很长时间。

约克街和贝利街转角上的澳大利亚宫有一家中国人开的花蜜餐馆。20世纪60—70年代,这家饭店生意很兴隆。店里提供各种菜肴,还有三明治、蛋糕、布丁和水果沙拉、冰激凌等快餐。这家店是自助式,顾客可以在柜台排队付款后坐下来享用美食。

查塔姆街有很多中国餐馆,包括南京饭店、北平中国饭店和中国茶室,20世纪60—70年代是这些店生意最好的时候。

南京饭店在查塔姆街和女王街的街角上,是这里最受欢迎的中国饭店,店里的炸虾米饭、面条和汤远近闻名。这家店的店主姓于,从20世

查塔姆街新中国店

纪 60 年代生意最好的时候开到了 80 年代。很多外国人来这家店消费，尤其是经常在科伦坡港停泊的水手和乘客。

这家饭店应该很有年头了，大概是 50 年代开的。詹姆斯·雅各布在 2013 年出版的《从临津到胡克：一名国家炮兵亲历朝鲜战争》中写道："很多餐馆看起来不太干净，我们选了一家名叫南京饭店的中国餐馆。这里的菜有咕咾肉、虾丸、炒杂碎，但我们不确定食材的来源，还是点了炸鱼薯条这道英国菜。"

查塔姆街另一侧的北平中国饭店距离约克街很近，在 20 世纪 60—70 年代时也是一家很受欢迎的中国餐馆。这家饭店的螃蟹很有名，店主姓高，20 世纪 70 年代晚期时关店了。店里有一个自动点唱机，顾客可以投币选歌，机器会自动选出唱片，开始放歌。这家饭店现在成了要塞区皮拉乌斯酒店，位于查塔姆街 100 号。

查塔姆街上的兰花饭店距离女王街很近，店主姓苏。据说这家饭店在 20 世纪 60 年代时变成了牡丹饭店，后来营业到 2000 年左右。

1949年锡兰汽车协会手册中的约克街自由中国饭店广告

　　查塔姆街还有几家中国人开的纺织品店，其中一家叫新中国商店的从20世纪40—50年代就开始营业，一直开到了现在。新中国商店的老板姓张，主营裁缝和古玩生意，如今依然在做这两样生意，之前卖过传统中国饰品，店里做的校服很受欢迎。

COLOMBO
THE BIOGRAPHY

科伦坡 传

贝塔区：科伦坡的大市场

第五章

要塞区附近的贝塔区是科伦坡的大市场。这里市集规模庞大，商铺鳞次栉比，商品应有尽有。这里是科伦坡最繁华的地段，每天人头攒动，各行各业的商贩云集于此，售卖服装、食品、玩具、家居用品。全球商品经由科伦坡港口到达这里，种类之多令人叹为观止。

贝塔区距离要塞区最近，两个地区历史上有一定联系，都是科伦坡中心老城区所在地。不过，贝塔区被称为科伦坡十一区，自英国殖民时期开始，这个嘈杂的地区都与发达但安静的市中心保持着一定距离。

早期的贝塔区

葡萄牙人统治时期，科伦坡的防御工事从现在的要塞区延伸到了贝塔区，而名字一直沿用到现在。葡萄牙人曾经修建固若金汤的防御工事圣若昂（即葡语中的"约翰"），这道工事如今成了圣约翰路。葡萄牙统治者特地将这座堡垒建在大海和另一片区域之间，以抵御海陆两边的侵袭。那片海滨区域后来成了一个鱼市。

防御工事内侧是如今从要塞区通往贝塔区的路，也就是现在的主街，字面含义是笔直的路，从这个词的僧伽罗语形式中可见一斑。这条路的尽头是如今的凯曼门，即皇后门，那里曾经是从葡萄牙人扩建的堡垒向东行进的主要进出口。防御工事下方的一个隧道入口处建了一道巨大拱门，经过一道吊桥也可以抵达这里。吊桥下方是鳄鱼出没的护城河——圣约翰河。

荷兰人1656年接管科伦坡时缩减了防御工事规模，并将贝塔区与要塞区隔开。1671年左右，荷兰人拆除了葡萄牙人所建的防御工事，却保留了贝塔区的堡垒和陈旧防御工事。1734年，荷兰统治者为了自身利益拆除了防御工事，将问题丢给了定居当地的荷兰人和本地商贩。这两个群体分别住在不同区域，相当于种族隔离。

埃吉迪乌斯·达尔曼斯是一名比利时医生，也是《变成旷世奇才》的

贝塔区街景

作者，1687年曾去过斯里兰卡。从他的记述中，我们可以一窥荷兰人改造前的贝塔区（当时被称为老城）原貌。他说老城（贝塔区）大约1000步长，700步宽，是一块矩形场地，由道路分成大约12个区块，中心是教堂庭院。

"老城的房子大都建于葡萄牙人统治时代，只有一部分被雨水侵蚀或遭到毁坏的房屋被重建。多数房子是一层，有的是两层，但屋顶低矮，主卧在楼上。"他还写道："老城东部和南部修建了坚固的城墙和防御工事，下面还有一条宽阔的河，里面有很多鳄鱼。"

荷兰人统治时期的科伦坡主路是国王路，从当时堡垒耸立的要塞区东门，顺着护城河上的堤道一直延伸到老城贝塔区的郊区。根据R.L.布洛希尔1942年发表于《锡兰荷兰伯格联盟报》的斯里兰卡地图，这条街道就是如今的主街。

国王街和湖岸之间有两条横穿贝塔区的平行街道，也就是名字充满英国特色的凯撒街和王子街。布洛希尔补充写道："十字街如今叫作要塞街，曾经叫渔民街。那里有一个鱼市，亨特先生公司在里面开了一家店。第一十字街毗邻一片开阔地，在一片市场区域南侧，因此叫市场街。如今的第二十字街是当时的哈勒姆街，第三十字街如今叫作十字街。"

约翰·沃尔夫冈·海德特在其著作《非洲和东印度的地理地形》（1744年）中描述了通往贝塔区的道路："人们可以从代尔夫特门穿过，经过一条大道，登上一片沼泽上方的堤道，最终到达老城。这条路景色怡人，两侧是树林。"关于老城贝塔区，他写道："城镇东侧是一个湖，不是很深，与西侧的大海相接。北侧据说有一些防御工事，但我在那里并没看到，只在海边看到一段矮墙，像是防御工事的半成品，已经失去本来的防御作用。城墙的尽头处，海和湖之间有一个干涸的沟渠，通向东侧。这里还有一个名为鳄鱼门的关隘，但人们可以不经过这里随意进出。"

海德特提到的部分"防御工事"由来已久。过去，这些防御工事名为圣斯蒂芬和圣约翰，后来改名为辛哈王子和维多利亚，然后是康斯坦提亚和康考迪亚。17世纪90年代，这些防御工事可能已经被夷为平地，只留下一小部分，也就是海德特所说的"防御工事半成品"。他提到的鳄鱼门就是凯曼门，现在那里还有一座塔楼，据说是沃文达尔教堂的一部分。

海德特提到，老城的外部恢宏壮观，但城里的建筑破败老旧。他写道："不得不说，这些房子很少有用木板隔成两层的，走进去后可以直接看到屋顶，看着就像我们的阁楼和谷仓。我不记得在这里看到过三座以上的两层小楼。"

海德特写下这些文字后不久，荷兰政府就决定将要塞区和贝塔区的本地人赶走，尤其是经商的摩尔人和南印度人，他们的资产足够购置多处房产。这样一来，这两个地区就成了荷兰人的属地。这个决策源于荷兰人的种族优越感，后来入驻南非的荷兰人更是采取了种族隔离政策。1747年2月，荷兰人出台规定，禁止摩尔人或马拉巴尔人在要塞区和贝塔区持有房屋和土地。后来，贝塔区的渔民区、班克歇尔，以及湖边两条街的禁令有所放松。直到1832年英国政府接管，才取消了这项禁令。

主街和附近部分街道的居住区被欧洲裔荷兰伯格人占据，班克歇尔周边区域则聚集着本地商贩，主要是摩尔人和南印度人，他们被统称为马拉巴尔人。

早期英国人来到贝塔区时就是这种情况。罗伯特·珀西瓦尔在《锡兰纪实》（1805年）中描写了科伦坡贝塔区："它分为两部分，离要塞区最近的是一条很宽的大街，从城墙附近的大道开始延伸到一道老旧的泥墙，通往凯曼港大门。贝塔区内有很多装修精致的房屋，住着荷兰绅士和商人。"他还写道："凯曼港口有一条通往其他区的窄路，那里是一个形状狭长、居民稀少的小镇。街边的商店、集市和小摊向印度本地人出售各种各样的商品。小镇整天人来人往，在这里可以看到各种不同的人。"

几年后，詹姆斯·科迪纳在《锡兰掠影》（1807年）中描写了贝塔区，也就是距离要塞区东部数百码的郊区城镇，"小镇比要塞区整洁有序，面积更大。五条长度半英里的竖向街道平行延伸，还有五条街道以精准的角度横向穿过，呈现出网格状。房屋前，巨大的廊柱支撑着走廊篷子，院内的树上还有装饰品"。科迪纳旨在说明，贝塔区和要塞区一样依照规划建成，但贝塔区不像要塞区那样绿树茵茵，或许是因为贝塔区人多地少。

科迪纳看到的是一个与现在不同的贝塔区。那时候，集市已经迁到胡夫茨多普，是本地方言中一处叫作"新集市"的遗址。荷兰伯格人聚居的区域因此扩大，但这种状态只维持了一段时间。随着外来入侵加剧，集市后来又迁回了贝塔区。

科迪纳生活的时期，集市迁到了离贝塔区很远的地方。据他观察，"集市以前在贝塔区和郊区之间的高路上。每侧只有一排茅草棚，人群拥挤的时候，腾挪很困难。经过的车辆和烈马都可能对行人造成伤害，如果不打算去市场，这条大街绝不是一个出行的好选择。集市后来迁到了荷兰总督胡弗斯多夫旧居后面的一道斜坡上，在运河边上，不会影响行人来往"。科迪纳还写道："集市迁走后，进入贝塔区的人增加了。之前拥堵的道路变得宽敞开阔，可以看到平静的湖面和另一侧的大海。"

这种状况一直持续到19世纪40年代。一位美国海军军官在其著作《环球游记：在乔治·C.里德准将麾下随东印度中队东游记》（1840年）中写道："东大门外的郊区叫作贝塔区，住在那里的大部分是有一半本地血统的荷兰人后裔，街道上都是体格强健的阿姆斯特丹老年男子。贝塔区还有一个巨大的集市。"不到十年后，他于1849年1月在都柏林大学杂志上发表了文章《锡兰和僧伽罗人》，文中写道："马夫已经占据了一条辅街，那是荷兰伯格人在贝塔区聚居的地方之一。"

当时，贝塔区已经迅速变成了商业区。1840年8月14日发行的《锡兰先驱和广告报》写道："我们很惊讶，各种车辆在贝塔区的街上横冲直撞，完全没有警示，这对满大街的行人，尤其是到处跑来跑去的儿童来说非常危险。"

这份报纸还写道："主人不注意的时候，负责驾车的马夫经常在贝塔区人流最大的大街上互相角逐，导致很多母亲极度担心自己的孩子，其他人也非常恐慌。"贝塔区曾经是富有的荷兰伯格人的聚居区，在19世纪60年代迅速商业化，成为商业区，住宅被改造成店铺，曾经整洁的区域开始变得杂乱。就是在那个时候，人们为了拓宽路面开始砍伐路边遮阴的老树。当时很多人就对此深表惋惜。最后，荷兰伯格人被大量来自其他国家的人挤出了贝塔区。

阿兰·沃尔特斯在《锡兰的棕榈树和珍珠或风景》（1892年）中描述了贝塔区各民族长期或短期混居、导致荷兰伯格人无处栖居的情形："对英国人来说，第一次在贝塔区开车成了一种惊吓。街上人来人往，像是过圣灵节那么热闹，有帕提亚人、米提亚人和埃兰人，等等。有人戴土耳其毡帽，有人戴礼帽，有人包头巾，有人穿衬裙，有人穿裤子，有人穿靴子，有人穿红色或黄色的尖头拖鞋，还有人一丝不挂，任由阳光将皮肤晒得黝黑发亮。世界上恐怕再也找不出混居人种比这里更杂的地方了。"

英国人统治结束时，贝塔区已经成为商业大区，初具如今的形态：小店鳞次栉比，运送货物的小推车来来往往，背着食品的搬运工高声呼喝路人让开。从殖民时期到现在，这番景象从未变过。

R.L. 布洛希尔在1934年为《锡兰观察者年鉴》供稿的文章《百年前的空中纸鸢》中回忆了一个世纪前的美好时光："如今的人不会选择住在贝塔区。曾经的住宅区安静整洁，夜晚可以安眠，后来却在现代生活的冲击下变了味：拥挤吵嚷的人群，讨人厌的小贩，络绎不绝的摩托车和卡车在电车和慢吞吞的牛车中间左冲右突，密密麻麻的小店铺和精品店。拥挤的人群散发出汗臭味，还有各种难闻的味道。这一切都让现代人对贝塔区避之不及。"

贝塔印象

游客对贝塔区的第一印象就是一个大集市。街边密密麻麻的小店，兜售商品的小贩，淘平价货的顾客，熙熙攘攘，完全是东方集市的样子。

不过这里并非一直如此。20世纪初，商业化达到一定程度的贝塔区依然是个安静的地方。当时人口数量很少，摩托车在科伦坡也比较罕见，贝塔区不像现在这样拥挤吵闹。出去采买的人主要选择电车和人力车，商贩则多用牛车运货。广场上装饰的大树下，商贩的叫卖声不绝于耳。

贝塔区最早的记录来自一位英国旅行者威廉·哈维。在他1869年出版的回忆录中有一封1853年年末的信，其中写道："在离科伦坡四英里的地方，我们坐船渡过了一条很宽的河，随后就到达了贝塔区，继续向前就是要塞区大门。这里的长街旁都是店铺，让我想起了苏格兰'长镇'克科底。"

阿兰·沃尔特斯在《锡兰的棕榈树和珍珠或风景》（1892年）中将贝塔区描写成了购物者的天堂："科伦坡贝

贝塔区水果集市

塔区的集市就像英国的考文特花园，出售各种外地人没见过的新奇玩意。一便士能买一英尺长的菠萝，数以千计的椰子、香蕉、山芋、面包果和菠萝蜜，每个重达5磅到50磅。这里有表皮粗糙、味道一般的番荔枝，还有形状像肾脏的芒果。芒果的表皮是绿色，里面是黄色的纤维状果肉，闻起来有点像松脂。这些水果都放在一块方形的大石头上。旁边是柚子，还有橘子和柠檬杂交而成的一种水果，比在西印度群岛上看起来更光鲜，也有品相一般、干涩发青的苹果和橘子。此外，还有酸橙、蒲桃、番石榴、无花果、西番莲果、百香果、木瓜和山竹，刚拿起来的时候冰冰凉凉，吃着像带有香气的雪。"

马图林·巴罗在1895年出版的《印度明珠》中将贝塔区称为"黑镇"，"黑镇非常有东方特色，脏乱不堪，散发着明显的麝香味，令人头晕。顺着海港的方向，这里一直延伸到一英里开外的地方，尽头是卡拉尼河。在黑镇，大量不同种族的人混杂而居，每个人都穿着本民族的服饰，但大多数都赤着身体，露出古铜色皮肤。这些赤身的人看起来很奇怪，头上缠着样式繁复的白色大头巾，只在腰间挂一片棉布。这里的房子就是简陋的棚屋平房，通常都是用竹子搭成框架，再用泥砌成。房顶是用晾干的棕榈树叶编在一起做成的厚实茅草顶，用来遮雨"。

50多年后，S.E.N.尼古拉斯在1950年出版的《魅力锡兰》中写道："贝塔区的人都是忙忙碌碌的。主街两侧的商店从上午开到晚上六点，这里有人力车、摩托车、叮当作响的电车和牛车。驾牛车的人手拿鞭子坐在车前，嘴里喊着'驾'，赶着牛向前走。街道两侧不仅有商店，还有路边小摊，摊贩会向你推销各种物品，用恳求的语气说，'买一个吧，先生，很便宜的！'印度丝绸商则会毕恭毕敬地鞠躬，恳切地说，'请进来看看吧，不买也没关系。'"

"街上的摩尔人摊贩会奉上各种诱人的货品，比如看起来像是合成品的宝石。卖篮子和蕾丝花边的女人或许会吸引你的注意,但要塞区和码头区的蕾丝花边商贩比贝塔区的更显眼。走在主街和凯撒街上,你还会看到印度商贩蹲坐在铺着席子的地上,商铺的门直到深夜依然半开着。这些人一般都是布匹商。走到主街尽头,也就是凯曼门,就到了爱丁堡市场,和老市政厅毗邻。如今,曾经的市政厅已经变成了一个卖果蔬和其他食品的市场。"

小说家保罗·鲍尔斯在游记《他们有绿色的头和蓝色的手》(1963年)中表达了自己对贝塔区的迷恋。他知道别人就算是说出贝塔这个词都会嫌弃,更理解不了他对这里的喜爱。"狭窄的街道上挤满印度牛拉的车,赤身的苦力工在车边装货卸货。觅食的乌鸦在水沟尖声大叫或呱呱低语。商店专门出售让人意想不到的商品,有的只卖烟花,有的卖描绘印度神生平事迹的宗教彩色石印画,还有的卖马来群岛土人穿的围裙和香。

"这里没有拱廊和大树,更加燥热难耐。到了中午,你会觉得自己可能已经不小心离开这个世界了,只是在重演记忆中的场景。到处弥漫着中国杂货店的味道,最重的就是鱼干儿味,还有香料和烧香的味道。贝塔区的确有一些中国人,不过多数是牙医。我记得有个人名叫秦新发,他自称是'天才中国牙医'。他们会在门口涂上牙医的标志,那是一个巨大的红色椭圆,里面有两排象征牙齿的闪亮白方块。"

时尚居住区

贝塔区在荷兰人统治时期有一片名叫老城的居民区。19世纪中叶以前，那里住着大量荷兰人。后来，这里逐渐变成了商业区。

关于贝塔区居民区最早的记载可以追溯到克里斯托弗·斯维茨的著作《日记》（1688年）。斯维茨觉得科伦坡非常宜居，因为这里绿树茵茵，还有花园，周边有维多利亚、康斯坦提亚、康考迪亚、哈勒姆、恩克赫伊曾这些坚固的防御工事。"城里混居着官员、士兵、荷兰伯格人、工人，有黑种人、黄种人和白种人。"

斯维茨还写道："科伦坡市中心是荷兰教堂的庭院，周围有一道围墙，里面是一所马拉巴尔人的学校。庭院外，摩尔人和波斯人整天售卖丝绸、呢绒、亚麻，这里的马拉巴尔人、马尔代夫人和辛古拉亚人则出售各种水果、鱼干儿、洋葱、糖、米。"

从斯维茨的文字中可以看出，当时不同种族、各行各业的人混居在贝塔区。1747年，这种情况彻底改变了。摩尔人和马拉巴尔人可以在渔民区、班克歇尔区和贝拉湖边的两条街持有房屋和土地，却被禁止在贝塔区置房置地。荷兰统治者这么做或许是想把本地人挤出去，让贝塔区的一些地方成为荷兰伯格人的领地。

贝塔区主街保存完好的老建筑上层

    英国人统治科伦坡早期，在离贝塔区商业区不远的地方兴起了一个欧洲人居民区。英国统治者自然不喜欢第一十字街的菜市和前街的鱼市，试图将市场迁到贝塔区外胡夫茨多普山的斜坡上。虽然未能成功，还是在当地留下了印记。本地人现在依然将新集市叫作胡夫茨多普。

    贝塔区的集市和商店很快回归。19世纪中叶前，商业区已经扩展到了居民区。拥挤和商业化导致贝塔区对居民失去了吸引力。贝塔区的居民曾经过着平静的生活，后来很多人变卖房产搬离那里，在短短的时间里产生了一种多米诺骨牌效应。约翰·卡珀在其著作《锡兰生活旧时光掠影》（1878年）中不无遗憾地写道："对于如今的贝塔区居民来说，这里不再值得留恋。燥热嘈杂，灰尘弥漫，贝塔区的环境令人敬而远之。如果不是必须要去贝塔区，谁也不愿在那里逗留，谁也不愿经过那里。让我们现在来重现一下这个街区40年前的夜景。站在位于海边的主街街角，可以看到网球场和荷花池上方有一两座样式古老的建筑。已故皇后的一位忠臣在

王子街上的蓝色老建筑

其中一座房子里出生，度过了他的婴儿时代，最终身后留名。在对面的街角，墓地的上方是一长排两层小楼，街边是一排阳台，有宽敞的荷兰式房间和很多门窗。小楼里住着一位生活简朴又忙碌的马车马具制造商。他当时有一座小咖啡种植园，凭借咖啡种植发家致富。再向上看，两侧都有漂亮的夹竹桃树，荷兰伯格人和他们的小孩待在宽大的阳台上。每幢房子的景象都差不多：房子里灯光明亮，欢声笑语，传出阵阵歌声和音乐声，这幅场景是如今去贝塔区的人无法想象的。"

荷兰伯格人的房子显然非常精致。1847年，艾略特医生在P.L.西蒙兹编纂的《西蒙兹殖民杂志》上发表了文章《锡兰和主要城镇》，其中描述了贝塔区的房屋，"这里的房屋用红砖砌成，外面均匀地刷着一层灰泥，有些是两层，又高又漂亮"。当时已故的牧师威廉·乔治·塔珀的兄弟将他的遗稿整理成《往事与回忆录》，于1856年出版。书中写道："贝塔区的很多房子都是典型荷兰风格，其中很多是近代人模仿这种风格建造的。剩下的房子都是木质结构，大小不一。"

科萨拉路到罗西尼路转角上的房子

从曾任步枪队军官的霍雷肖·约翰·萨克林所著的《锡兰概述》（1876年）中可以看出，商业化并未对这些精致的房屋造成影响。他写道："贝塔区很大，有很多精致的房子和郁郁葱葱的花园，住着富有的葡萄牙人和荷兰人后裔。一些街道边长着高大的郁金香树。他们将房屋漆成明亮的黄色，在门窗周围涂上红色或深橙色条纹。"

G.安索尼兹在20世纪20年代中叶发表的演讲《百年之前》中提到了荷兰人统治时期的贝塔区主街："这里的房子宽敞精致，都经过改造。建筑正面是台阶和阳台，还有装了栏杆的游廊，路过的人能感受到精致典雅的氛围。如今，这条街变成了一条单调的长人行道。后来，路边的多数房屋被摩尔商铺老板占据，但即便是如今，人们依然可以从那些高墙和门廊一窥百年之前荷兰绅士小姐生活在这里的景象。"

他还描述了那个时期其他的漂亮街道："平行的凯撒街和王子街也是

一位泰米尔妇女坐在家门外

时髦的居民区。后者被称为孤儿院街,那里的两层楼曾经是孤儿院,如今成了志愿者之家。有些老房子没有完全消失,但已经从安静整洁的住宅变成了脏兮兮的商店,路上整天挤满了推车和本地人。"

"有趣的是,即便在战争年代,还有一些人坚持住在这里,想要在第三十字街修建一座清真寺。但那里还有一块地,住着约翰尼斯·博尼费修斯·米索医生、约翰·丹尼尔先生和萨维尔·费尔南多,还有A.E.科斯塔、M.H.德·席尔瓦和德莫小姐。可以看出,这片区域的一些住宅区已经变成了商铺,但还保留着荷兰人统治时期的住宅区特点。"

王子街热闹的集市上,还能看到一座荷兰老式小别墅。现在成了荷兰殖民时期博物馆,里面珍藏着复古荷兰式家具、武器和家用物品。这座宽敞、有廊柱的建筑是传统荷兰式风格,房间环绕着宽敞的庭院,其中一座大房间是"死亡大厅",里面有30多座墓碑。很多墓碑上放着颅骨和骨头,是当时荷兰殖民官员和他们妻子的遗骨。

过去的这些年来，这座房子曾经有过各种各样的用途。17世纪晚期时，这里是荷兰总督托马斯·凡·李的住宅，据说也是卡尔·凡·兰佐伯爵的住处。不过，兰佐伯爵或许并没在这座曾经是孤儿院的两层楼房住过，而是住在街对面的小房子里。

这座房子大概还充当过神学院，因为墙上的牌匾刻着赞美诗。英国殖民统治时期，这里是军队后方医院和警校，后来成了邮局。20世纪60年代后，这座被忽视的房子逐渐失修。20世纪80年代初，这里成了一座博物馆。

在同一条街上，王子印刷社旁边不起眼的地方有一道老拱门。印刷社非常简陋，还在用过时的方式进行印刷。这道位于两座房子之间的拱门大概是荷兰人统治时期通向贝塔区另外一个街区的大门。拱门也有可能通往一座现在已经不复存在的老马厩。据说那是荷兰总督的马厩，拱门顶端刻着一块朝上的马蹄铁。

老市政厅

老市政厅位于主街尽头一个叫作煤气灯岔路口的地方,靠近贝塔区中心,曾经是市政元老议事的地方。这座建筑建于1873年威廉·格里高利爵士治下,由政府建筑师J.G.史密瑟设计。

这座两层楼房外观精致,装饰着哥特风小尖塔和拱门。饱经风霜的奶

老市政厅

油色墙壁和复古的绿窗子俯视着大街，如今乍看起来也很有中世纪欧洲教堂的味道。直到 20 世纪 20 年代，科伦坡市政厅才从这里搬出，从贝塔区迁到了肉桂花园。

这片区域如今是一座博物馆，封存着这座城市的过往。煤气灯岔路口的名字来源于这里的五个街灯，路边有一些用英语写的老街名牌，但其中的渊源如今已经少有人知道。市政厅底层是一座大堂，里面有几个与城市行政相关的办公室，据说这里的长廊曾经是停放马车的地方。

通过一条木制楼梯走上二层，就到了一个大厅，这里是市政厅的主会议室，如今放着这座城市第一批市政议员的 15 个等身雕像。雕像环坐在一个木桌边，像是在重现 20 世纪早期市政厅会议的场景。这间屋子外围有一道走廊，外面有遮阳篷，可以很清楚地看到下面的车水马龙。走廊上还有一幅荷兰老地图和市政厅曾经使用的老物件，其中有一台康普托机械计算器。

巨大集市

贝塔区相当于一个巨大的集市。自殖民时代起，这里至少有三个市场：圣约翰鱼市、曼宁市场和爱丁堡市场。

"海里的鱼好像知道它们要往哪里去，成群结队游向科伦坡，还一路向北游到一个很久以前形成的大渔场。"渔场的经营者主要是卡瓦拉种姓的人，他们出身南印度，逐渐从武士转变成渔民。罗伯特·珀西瓦尔在《锡兰纪实》中还写道："虽然科伦坡有一个大渔场，尼甘布港捕捞的大量鱼也会送到这里。渔民捕到鱼后，马上装船，连夜通过河运运到港口，第二天早上就在集市出售。"他还提到了贝塔区："海边的街道有一个上好的鱼市，卖的都是周围海、湖和河里的鱼。"

有趣的是，埃吉迪乌斯·达尔曼斯医生曾在17世纪80年代末去过斯里兰卡，他在书中提到了老城贝塔："海的北侧有一道矮墙，中间是防御工事，一位少尉带着军队驻扎在那里。墙外的海滩上是鱼市，很多渔民住在小棚屋里。"

从葡萄牙人统治时期开始，贝塔区变化并不大。这位医生猜测，这里的鱼市或许是在卢西塔尼亚人占领海边科伦坡时期出现的，甚至可能更早。

贝塔区老市政厅市场特写

所以，贝塔区海边曾经有一个鱼市，或许在海街附近。英国人在圣约翰附近建圣约翰鱼市也就不奇怪了。市场于1893年建成，后来成了斯里兰卡的主要鱼市，全国各地捕到的鱼都集中在这里批发或零售。

2011年，鱼市搬到了更大的佩利亚戈达综合鱼市场。在此之前，圣约翰鱼市是科伦坡唯一一个专门卖鱼的市场。可以说，那时路上所有人的目的地都是圣约翰鱼市，尤其是星期五。20世纪60年代时，圣约翰鱼市已经有近100个摊位。2010年迁走前，圣约翰鱼市有89个长期做鱼类批发的摊位，106个零售点，还有一些临时支起来的摊位，供包括摊主在内的800多人维持生计。其中一些人已经是老摊主的孙辈。黎明前，装满鱼和冰块的卡车会从海边驶到圣约翰鱼市。卸货后，这些鱼会在清晨时分抵达各个摊位，堆得满满当当等待出售。如今，这里已经变成了黄金市场。

另一个有名的老市场就是位于贝塔区附近、老市政厅后面的爱丁堡市场，据说这里在20世纪70年代可谓锡兰版的考文特花园。1867—1871

年,维多利亚女王的儿子、爱丁堡公爵阿尔弗雷德·恩斯特·阿尔伯特环球旅行期间,于1870年建立了这座市场并以自己的头衔命名。

一篇关于公爵这次旅程的报道写道:"(公爵)晚上五点左右安全抵达科伦坡,另一场关于科伦坡市政厅和市场的奠基仪式等着王子去参加,一大群围观者已经聚在广场上。这座市场位于要塞区外贝塔区的一角,这里曾经有一条河,在葡萄牙人统治时期还有一段黄铜小加农炮环绕的泥墙。当时,防御工事从海滩延伸到湖边,如今则变成了繁华的贸易中心,大楼即将建成。仪式时间很短,结束后王室成员就开车离开去了皇后宫。"

布洛克·艾略特在其著作《锡兰实录》(1937年)中提到的老市政厅后面的果蔬市场或许就是爱丁堡市场,"这里有当季的山竹、芒果、车前草、菠萝、椰子、鳄梨,还有很多种奇形怪状的蔬菜。商贩大声嚷嚷着叫卖,热闹非凡。就算旁边是通天塔修建现场也会显得很寂静。相比之下,繁华的考文特花园就是休息的场所。"

爱丁堡市场在20世纪初扩建,到20世纪60年代中叶已经有380个果蔬摊位。当时科伦坡市果蔬摊位总数只有599个,可见爱丁堡市场占比之高。

原来的维多利亚老建筑依然在老市政厅后面,现在叫作老市政厅市场。"二战"之前,这个市场已经得名。市场整体是矩形,墙面是锻铁框架,屋顶上覆盖着传统的半圆形瓦片,屋顶下方是制作精巧的木梁。有些商铺如今依然占据着这片矩形场地的两侧区域。

19世纪70年代市场开始营业时,爱丁堡市场的商铺比现在还多,其中有些肉铺。据说L.V.P.佩雷拉和J.D.萨迪亚斯肉铺都在科伦坡市政厅市场有数个摊位,不过这些肉铺也可能是在附近的爱丁堡市场。

另一个延续至今的市场就是曼宁市场,位于奥尔科特街和E.W.巴斯蒂安街之间。市场的名字来源于威廉·曼宁,他在两次世界大战间隔期间任锡兰总督。1920年左右，曼宁市场开始营业，一直供小商贩售卖果蔬。

曼宁市场所在的地方原来是为了控制疫情而建的防鼠地带。这里以前也是储存进口大米的地方，卡车将大米运到斯里兰卡全国各地。20世纪30年代前，曼宁市场和查尔默斯谷仓并称为"东方最好的粮仓"。它是斯里兰卡最大的批发市场，这里的批发食品定价一般都可以作为市场价参考标准。

商业里的生活

荷兰人统治时期，贝塔区是科伦坡市的主要集市区。第一十字街位于一块老墓地附近，当时叫作集市街。

17世纪80年代，比利时医生达尔曼斯曾在荷兰人统治的巅峰时期游历科伦坡。据他的记载描述，当时贝塔区包含由道路分割成的12块区域，中心区域是带围墙的教堂庭院。"棚顶铺着稻草的泥屋依墙而建，每天出售僧伽罗人需要的各种商品，有奴隶、衣服、亚麻、线、槟榔和亚力酒。这里是一个卖蔬菜等各种东西的大市场。市场只分布在教堂庭院的两侧，到了晚上摊位撤走，东侧和南侧就只剩下两道墙。这些棚屋还可以供牛避雨。"

"棚屋里的牛留下了牛粪，覆盖了地板和泥砌成的凳子，这倒是件好事。虽然每天商贩只在棚里待几个小时，这样一来他们就可以摆脱吞噬一切的白蚁了。"

有趣的是，这位思念故乡的比利时医生对贝塔区卖的商品有些不屑，"除了肉桂树，这里卖的所有东西加起来的价值都不如布拉班特或佛兰德斯的一座普通小村。这里出产的水果不值一提，甜橙、苹果都是从别处引进的。牲畜骨瘦如柴，难以下咽。星期五运到比利时安特卫普鱼市的鱼更好，而且总价值比这里一年捕捞的所有鱼还高"。

英国人殖民前期，贝塔市场规模略有扩大，一直延伸到凯曼门以外。艾略特发表在《西蒙兹殖民杂志》的文章《锡兰和主要城镇》中写道："要塞区没有市场，集市都在贝塔区的圣约翰河。"那里其实是圣约翰运河。英国人将运河填平，这里也是老市政厅和科伦坡市场的所在地。

随着博拉人、婆罗多人、帕西人和海边的摩尔人等商人涌入贝塔区，商业用地需求也因商业化而上涨。这里曾经住满了有欧洲血统的荷兰伯格人，后来发生了翻天覆地的变化。时过境迁，贝塔区如今变成了几乎没有住宅的商业中心。只有从部分饱经风霜留存下来的老宅才能依稀看出当年的辉煌景象。这样的老宅有王子街的荷兰殖民时期博物馆、荷兰总督托马斯·凡·李故居等。总督故居是典型的殖民地荷兰式建筑风格，临街的长廊有廊柱支撑，中心是宽敞的方形庭院，采光良好，宜于空气流通。

荷兰伯格人发现这种变化打破了他们平静的生活，开始向入驻贝塔区的商贩出售或出租房产。不过，这些商贩中的一部分——比如博拉人——将商铺当成了家，在一层做生意，在二层安置他们从印度带来的一大家子人。荷兰伯格人则向北迁徙到了穆特瓦尔，或南迁到了可培提、邦巴拉皮提亚和威拉瓦特。

两次世界大战之间，贝塔区成了一个出售各种商品的大集市。阿利斯特·麦克米伦在其著作《印度和锡兰海港》（1928年）中写道："很多经过科伦坡的人只知道要塞区有百货商场，却没意识到热闹的贝塔区别有洞天。贝塔区距离第一条路很近，只要通过栈桥向左走就可以到达。那里全是商店，各种商品应有尽有。"

除了荷兰伯格人出售或出租的老房子外，后来贝塔区还出现了可以容纳多个商铺的大型商店，包括主街上的哈米迪亚大楼。19世纪80年代，一位留着八字胡、戴土耳其帽的"万事通"商人M.L.M.扎伊努丁在这座大楼设置了展销厅。此外，这里还有米斯利亚大楼和那非西亚大楼，是由一位富有的南印度商业大亨普森·布提尔·乌姆比奇捐赠的。斋月期间，商场营业收入会捐给贫苦穆斯林寡妇和孤儿。

20世纪初，F.X.佩雷拉布商铺入驻了第一十字街上的里奇伟大楼。不久后，这里的商铺越来越多。诺里斯路上的维多利亚大楼里开起了恩杰伊保险公司。这座公司成立于1939年，也就是"二战"爆发当年，是第一家当地的保险公司。在20世纪50年代到60年代期间的后独立时代，这里涌现出了更多保险公司。F.B.史密斯、斯瓦米内森·拉特纳戈帕尔公司和毯子、墙纸制造商入驻了班克歇尔街上的戈顿大楼。独家永备手电筒和电池供应商马哈达万斯、卖派克钢笔等奢侈品的拉詹贾姆，以及菲利普斯唱片代理商迈可森·麦克雷尔和毛里斯·洛奇有限公司都入驻了班克歇尔街上的马哈拉扎大楼。

王子街的那迦大楼里还有王子贸易公司、钱姆西有限公司、纺织联合会和联合宝石矿公司。开垦路上的亨德里克大楼里面有布里奇伟纺织产业公司。要塞街和第一十字街之间的教庭大楼里开设了思乐影音、音乐仓、科伦坡音乐商店、基督教文学学会书店、有"儿童商店"之称的森维拉特和进口现代商品的C.V.巴特。20世纪50年代起，巴特公司就开始进口和销售普雷斯托美食大师牌高压锅了。

街边商铺的繁华

同类商业形态通常会形成集聚效应，正所谓物以类聚。这样一来，顾客想购买某样东西的时候就有了明确的目的地，能够带动商业发展。只要某个地区出现了两三家商店，就会产生多米诺骨牌效应，因为光顾这里的顾客会吸引更多新的商铺。

贝塔区也是如此，有很多卖同类商品的"一条街"。过去，主街上有很多摩尔人布商。摩尔人还在凯曼门做男装生意，在中国街卖陶器。摩尔铁器商以数量取胜，占据了第三十字街的半壁江山。摩尔人做铁器倒是不太常见，因为他们通常靠头脑生存，很少以做粗活为生。

如今，贝塔区有数百家百货商铺。有趣的是，很多挨得很近的店卖的是同一种东西。

20世纪60年代前，王子街上有很多专卖画、镜子、画框的店，包括水晶屋、科伦坡画宫和努扎画宫。20世纪80年代前，这里有很多卖玻璃、镜子和纸的小商铺。

20世纪70年代前，贝塔区有两家药店：皇家药店和王子药店，都在诺里斯路。那段时期，主街上也有皇家药店。如今药店原址已经成了一座废弃的楼。20世纪80年代前，第二十字街有很多出售缝纫用品的小店，第三十字街则有很多五金工具店。中国街卖的是儿童派对装饰品。

I.X.佩雷拉街以前叫做老屠户街，如今有很多鱼干儿店，像玛丽商店、阿比贸易中心和S.L.费尔南多公司等。贝塔区的加布巷很早就有卖阿育吠陀和草药的店。还有一些公司如今依然在营业，比如成立于1915年的M.D.佩里斯有限公司，以及托马斯·阿普哈米公司和新皇室烟花公司。新皇室烟花这个名字听着有点奇怪，不过和前面的公司一样都是卖本地药品的。

1977年马尔瓦特路商铺开张后不久，也就是20世纪70年代晚期到20世纪80年代早期，前街很快成了有名的音乐磁带专卖店聚集区，被称为"磁带一条街"，因为几乎所有的店都出售磁带。后来，这里成了鞋包一条街，再后来又成了买玩具的人常光顾的地方。

德洛兰恩·布洛希尔在2012年出版的《品味蜜糖和香料》中回忆道："妈妈经常带我和哥哥姐姐去贝塔区。我们会去布料店买做圣诞服装的面料，给哥哥扯一条裤子的布料，给姐姐买草帽，给我买上面装饰假花的小王冠，后面拖着长长的飘带。然后，我们坐着主街上慢慢悠悠的电车去要塞区的玩具店。我记得当时在各种玩具中挑挑拣拣，选了一套漂亮的日本陶瓷儿童茶具，上面有精美的花朵图案，还买了类似印度飞行棋和蛇梯棋。"

COLOMBO
THE BIOGRAPHY

科伦坡 传

第六章

奴隶岛：没有奴隶亦非岛

奴隶岛是科伦坡二区，没有奴隶，也不是一座岛，不过这个名字也不是完全不恰当。地名是几乎不会说谎的，我们可以推断，贝拉湖上曾经有一座岛，是在大雨或洪水冲刷后形成的。

从地形上来看，这里相当于一个半岛，曾经至少三面环水，将湖水分割开来。贝拉湖从前的面积比如今大得多，或许因为雨季大量降雨，凯拉尼河涨水，洪水涌出河岸，冲断了半岛与陆地连接的部分，就形成了小岛。

因此，过去那里可能真的有一座岛。根据一个古老的荷兰传说，这里有一座囚禁奴隶的小岛，或许也是一种佐证。

贝拉湖中的一块小岛

纵览古老的地图和文字记录，都可以看出奴隶岛曾是一座岛，抑或一座与陆地连接的半岛。过去很多作者的文字都能证实这一点。

英国牧师詹姆斯·塞尔柯克生活在19世纪中叶，他在1844年出版的重要作品《锡兰回忆录》中写道："一个湖几乎将要塞区隔绝开来。湖中是一个叫作奴隶岛的岛屿，曾经是荷兰人囚禁奴隶的地方。"塞尔柯克将奴隶岛描述成贝拉湖中的一块小岛，或许他指的是三面环水的内陆半岛。

著名勘探员R.L.布洛希尔在1973年出版的《发现锡兰》中也持同样的观点，他推断奴隶岛是一个锯齿状的半岛，只是老地图误将这里标注成了"岛"。如果是这样的话，大概奴隶岛从湖上较远的地方或要塞区看起来像是一座岛。后来的荷兰地图上没再出现过"岛"这个名字。派特尔·弗南德1785年出版的《科伦坡要塞和老城》地图上标注的奴隶岛是"奴隶区"。

奴隶岛很可能在某个时期是一座四面环水的岛。过去的故事里描写的奴隶岛就是一座岛。过去的人怎么会犯事实性错误呢？

19世纪70年代，奴隶岛在科伦坡葡语区还是被称作"岛"。1875年9月第30期《检察官插图文学》中有一篇有趣的文章《科伦坡街名》，是一位匿名作者写的（有人认为作者就是大名鼎鼎的路易斯·内尔），其中提到了这一点。这个词或许是葡语中"岛"的讹误写法。科伦坡的葡萄牙人后裔还是将这座岛叫作奴隶岛。

不过，曾经在岛上关押奴隶的不是葡萄牙人，而是荷兰人。

阿兰·沃尔特斯在1892年出版的《锡兰的棕榈树和珍珠或风景》记录了荷兰人代代相传的一个有趣习俗，表明奴隶岛上曾经关押过奴隶。"第一站是贝塔区，也就是黑镇。我们途中经过了风景如画的奴隶岛，这座岛的名字来源于过去发生在这里的事情。1844年前，这里关押着一批卡菲尔人奴隶（即南非科萨人）。某天晚上，这些遭到虐待的奴隶奋起反抗，杀死了一家人。后来，荷兰人每天傍晚将奴隶用平底船运到这座岛上，由专人看守，一直关到早上。"

发生这起事件后，荷兰人开始将这些奴隶关在岛上。当时，荷兰财政官员巴伦特·范德斯万和妻子住在科伦坡要塞区的一间小屋，一天晚上在睡梦中被奴隶杀死。1845年奴隶制度取消之前，斯里兰卡的奴隶很少，尤其是荷兰殖民时期。当地的黑奴主要是从东非葡萄牙殖民地莫桑比克运来的，在科伦坡做仆人或园丁。

这起谋杀事件发生后，荷兰人显然坐不住了，害怕卡菲尔人（他们对黑奴的称谓）会在晚上闯入住宅杀了他们，就将奴隶囚禁在一个叫作"奴隶场"的地方。这个地方在现在的阶梯广场附近，如今那里的世界贸易中心双子塔直冲天际。

到了傍晚，荷兰人就将结束白天工作的奴隶用平底船从碉堡的暗门运到岛上，这个港口位置在后来的荷马士大楼和总督办公室之间。奴隶在岛上度过一晚后，第二天早上坐船回到陆地继续工作。荷兰人在湖里投放了很多鳄鱼。没有奴隶敢从岛上逃跑，不然饥肠辘辘的鳄鱼就会将他们变成美餐。荷兰人还在湖中一个叫"船长岛"的岛上立了一个高高的绞架，从四面八方都能看到，用来威慑奴隶。

这么看来，或许很久之前奴隶岛真的是一座岛，或是一个三面环水、类似护城河环绕城池的半岛，是荷兰人用来关押奴隶的。

如果是这样的话，或许后来人们将小岛和陆地之间的部分填平了。奴隶岛和陆地连接的部分过去叫作"联合地"，是一条填湖修成的路。人们一度以为联合地的名字来源于过去发起抗议、保护劳工的商贸联盟。或许就是从那时开始，这个地名更名为科尔文·R.德·席尔瓦街，源于从这里走出去的一位左翼领袖。可惜原地名背后有趣的故事也随之消失了。

19世纪早期，连接奴隶岛和陆地的唯一通道是一座桥，位于如今的火车站和加勒菲斯绿地广场，那时这条路叫作桥街，连接着广场和马来街。马来街如今是阿克巴法官街的一部分。詹姆斯·霍尔曼在1840年出版的游记中写道："奴隶岛和陆地之间有一座桥。"这表明这座桥是陆地和奴隶岛之间唯一的通道。

街市与移民

奴隶岛曾经是个繁华的马来人聚居区。如今，这里的街道名还有马来街和爪哇巷。现在的阿克巴法官街曾经叫作步枪街，过去是锡兰步兵团所在地。1873 年，锡兰步兵团解散。这支军队由英国人组建，包含大量锡兰马来军团的马来人步兵。

奴隶岛的僧伽罗语名字和泰米尔语名字也能体现它的马来渊源。这些词的含义大概是（驻扎在那里的马来士兵）军队或马来聚居街。E.B. 德纳姆 1912 年在《1911 年锡兰普查》中写道，奴隶岛的僧伽罗语和泰米尔语名字含义是"军团街"，原因大概是这里曾经有持枪的马来兵。因此，奴隶岛的本地名字很可能是因为锡兰步兵团曾经驻扎在那里，形成了马来士兵聚集区。

一位官员在 1860 年的《柯尔伯恩斯联合服务》杂志上发表了一篇关于锡兰步兵团的文章，提到这支步兵团由 1795—1796 年间荷兰东印度公司从各兵团雇佣的马来士兵组成，当时英国人控制着岛上的沿海地区。他用充满称赞的语气写道："他们是唯一坚决反抗英国军队的军团。"

有意思的是，锡兰步兵团正式成立于 1827 年，只有马来人才有步枪，1842 年印度兵配了枪，1848 年非洲士兵才有了枪。1845 年前，兵团里大部分是马来人。兵团共有 11 个,其中有两个印度兵团,一个非洲兵团。这位官员说,奴隶岛有一片独立房屋,有些条件很好,有些则是泥墙砌成的,上面盖着椰子树叶做的屋顶,叫作"锡兰步兵团单身汉营房"。

据他介绍,已婚士兵住在离他们不远的"排房",也在奴隶岛。"砖瓦盖成的房子,里面有数个独立房间,每个人一间。士兵和妻子、孩子还有一大堆无家可归的穷亲戚住在一起。"

他还提到营房前面有一块操练场,后院的场地铺着石子。在两块场地上,"步兵会进行全套军事训练,从最基本的正步到最后训练'对信号的反应',再到军事理论。经过这番训练,当场地上厚嘴唇的卡菲尔人吹起军号,士兵都知道应该做什么"。

奴隶岛或许还与马来人聚居区有联系。詹姆斯·科迪纳在《锡兰掠影》(1807 年)中描写了奴隶岛,"英国人一到奴隶岛,就将这里变成了马来人聚居区。这里有一个泥屋小村、一个集市、一条带商铺的街道和两位绅士的别墅"。

直到近年来,马来人都把奴隶岛叫作马来军营房,是葡萄牙语里"营房"一词的讹误形式。马来人聚居区分为居民区和类似军营的军事区。

军事区叫作基尤区,居民区则叫作湖岸区。军事区的名字源自原来建在这里的基尤花园,而居民区的名字可能是僧伽罗语中"湖岸"一词的讹误形式。如今的湖岸区也恰好在贝拉湖附近。

不过,并非所有奴隶岛上的马来人都是锡兰步兵团士兵的后代。一般来说,一个群体在某处定居后,会吸引这个群体的其他成员进入同一区域,让亲朋好友团聚在一起。奴隶岛的贫穷街区有所发展,是因为马来人放弃了传统的谋生方式,前往内陆种植园和南部盐田做督察员,投奔他们已经在科伦坡郊区落脚的亲戚。

许多中国人也选择在此生活。联合巷是奴隶岛附近联合地分岔的一条

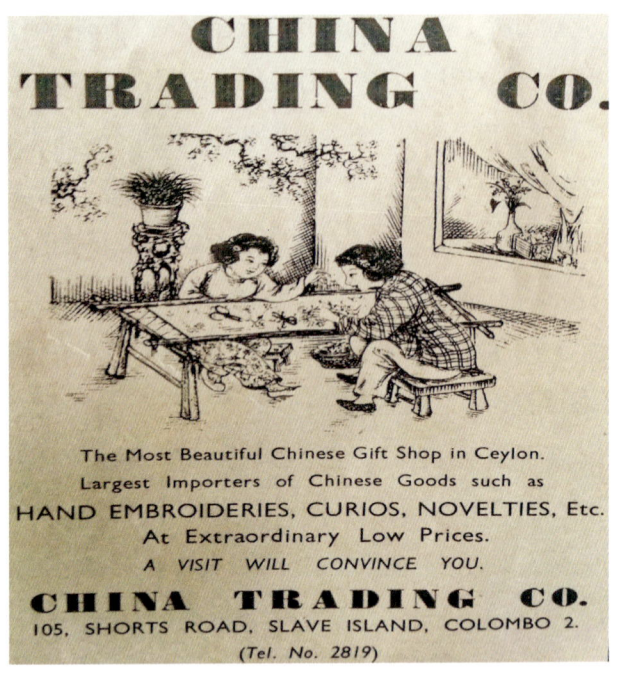

1955年《锡兰时代年鉴》中的中国贸易公司广告

窄巷，曾经住着十来个中国家庭，姓氏有楚、秦、宗等，多数是和僧伽罗女性结婚的中国男性。他们主要靠在市场上卖自制的面条为生。20世纪50—70年代，他们就住在联合巷，因此这个巷子得名中国区。这些中国人经常骑着车到处转，车后座上放着装面条的箱子，按着车铃，边走边叫卖"面条，面条"。

步枪街（阿克巴法官街）也住着一些中国人，主要是卖各种布料和充满中国特色小摆件的小贩和店主，也有小贩沿街叫卖。

据说还有一个家庭做杯子和装糖的小碟子，需求量很大。一些手艺人可以做皮影，一直延续到20世纪60年代。阿克巴法官街的维多利亚烘焙店附近的帕森斯是一个由中国和缅甸人组成的家庭开的。20世纪80年代前，这家店主要在科伦坡和城外的地区出售自制面条。

在这些商家中，短裤路上的中国贸易公司在20世纪50年代自诩"锡兰最好的中国礼品店"。据说，20世纪60年代时联合地有个北京酒店，客流量很大。利普顿交岔路口对面的长城酒店是当时另一家很受欢迎的中国饭店，很多人会去那里吃晚餐。后来，这家饭店变成了国家医药公司的奥苏萨拉药房。

还有位于公园街塔楼路、维多利亚公园入口对面的中国园景小舍饭店。20世纪60年代，这家饭店出售美味的烤螃蟹，价格低。20世纪80年代前，饭店还卖鳜鱼和可以外带的黄色面条。

经济的发展加上人口自然增长使居住环境愈发拥挤，当地涌现出很多简陋的小房子，直到现在马来街和爪哇巷还有很多贫民窟。为了提升这片地区的环境形象，印度塔塔集团在马来街建了很多高层建筑，也在本地人称为"河畔"的奴隶岛火车站和老象屋汽车公园之间建了一些大楼。

已故的J.L.K.范多尔特在1933年1月的《锡兰荷兰伯格联盟报》中发表的文章《老科伦坡》中写道："如今的部队食堂街是奴隶岛的主要街道，也是唯一一条街。部队食堂街这个名字源于科伊商业区附近的锡兰步兵营食堂。奴隶从这里下船上岸，然后被人拍卖。"他还说，这条街和要塞区延伸来的荷兰路交叉，这条路在僧伽罗语中叫作荷兰东印度公司街。部队食堂街的名字还可能出自荷兰东印度公司的荷兰语形式。当时，东印度公司掌控斯里兰卡沿海地区，在科伦坡设立了总部。

这说明奴隶是荷兰东印度公司重要的商品。在荷兰殖民时代，奴隶制非常普遍，奴隶岛甚至有奴隶儿童学校，有两个校长，但课程进度很慢，原因是孩子们要为东印度公司工作。为了解决这个问题，巡视员建议孩子们轮流上课和工作。

格莱尼街的名字可能来自一家老锡兰冷饮店。1866年，一位名叫阿尔伯特·冯·波斯纳的德国工程师在饮料中加入气泡，成立了这家公司的前身锡兰冰工厂。公司成立于奴隶岛的波斯纳的住处所在地。老锡兰冷饮店率先生产出琥珀色玻璃瓶装的姜汁啤酒，迅速成为一家大型餐饮公司。

基尤花园

奴隶岛曾经是斯里兰卡第一个植物园——皇家植物园的所在地。这个植物园于1810年建立，当时英国人刚刚攻占科伦坡。英国萨里郡有个基尤花园，有几百英亩的温室和植物博物馆，是最负盛名的皇家植物园。奴隶岛的植物园正是借用了这个名字。

植物园是在一位名叫亚历山大·穆恩的先生的关照下建立的，随后迁到了卡卢塔拉，再后来搬到了佩拉德尼亚。如今或许只有基尤路和基尤巷才能唤起人们对曾经的基尤花园的记忆。两次世界大战期间，从沃克斯豪尔巷到基尤巷的这片基尤区也会让人想起基尤花园。还有一种常见的基尤菠萝应该也是在这里培植出来的。植物园后来迁到了卡卢塔拉，培育了山竹等大量热带水果，如今一直存在。

后来，植物园成了英国高级军官的住所，叫作"基尤"或"基尤屋"。查尔斯·普里德姆在1849年出版的《锡兰的独立》中写道："现在的总督是一位平民，军队由一位少将领导，少将经常住在漂亮人工湖边的基尤屋，科伦坡的景色变得更美，环境也变得更好。这座住宅之前叫作布兰克花园，属于同名的荷兰少校。1812年，这片地区变成了植物园，园长在这里短期居住，随后植物园搬到了佩拉德尼亚。后来，这里被军队占领。"

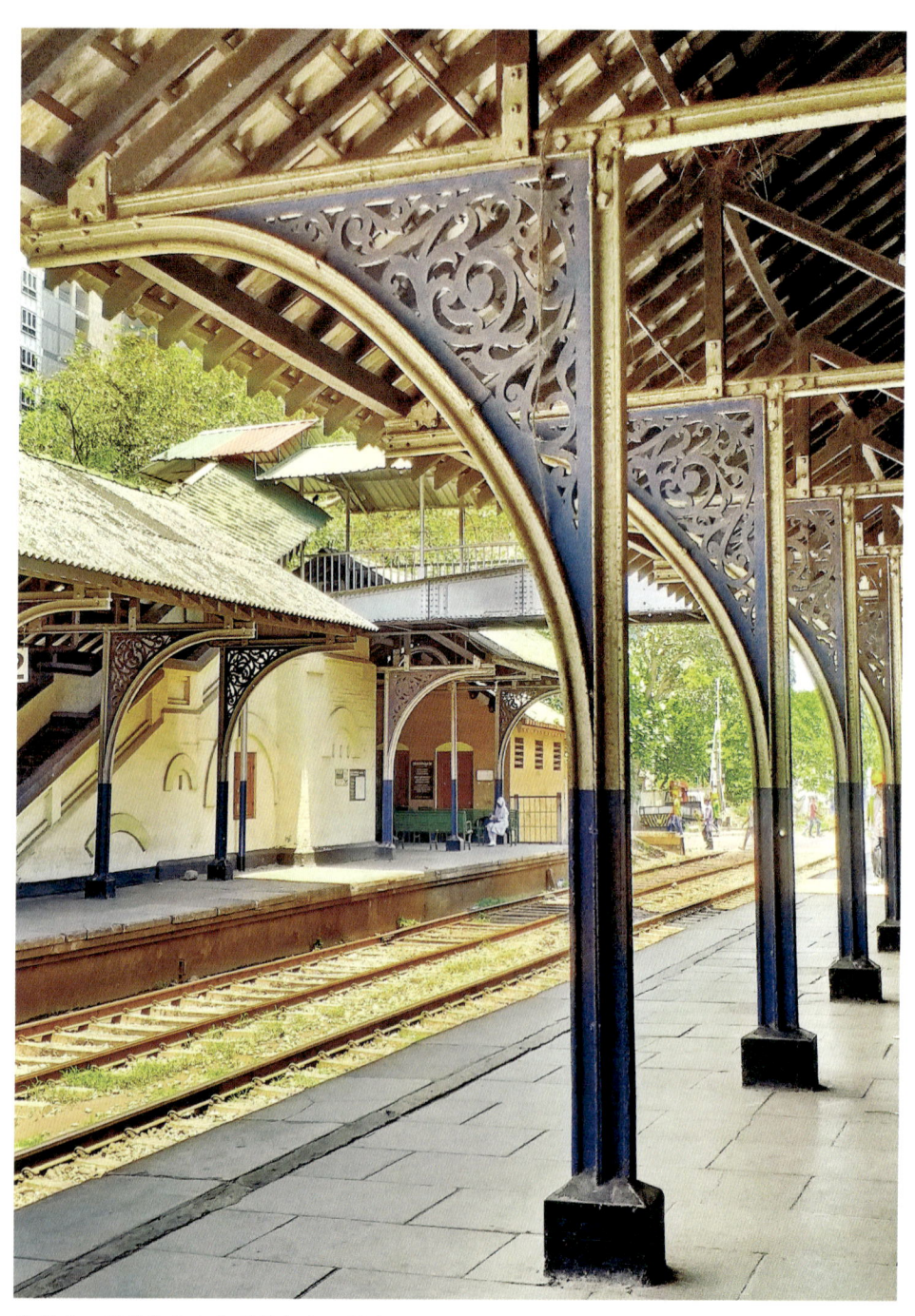

基尤路，因曾是基尤花园所在地而得名。

19世纪中期，基尤花园也成了锡兰步兵团已婚士兵的居住区，但风光依旧。阿拉斯泰尔·麦肯齐·弗格森在1868年出版的著作《锡兰纪念品》中写道："基尤这个名字指的是延伸到湖中的小半岛，那里住着锡兰步兵团的已婚士兵，因为那里曾经有个植物园，如今依然有很多枝繁叶茂的大树。俄罗斯旅行家萨尔蒂科夫王子将科伦坡描述成一个大植物园，对于一个从寒冷北方来到这里的人来说，这种表述倒是意料之中。他看到了令人惊艳的马达加斯加火炬树、爪哇巨朱蕉、造型优美的澳大利亚木麻黄，还有旋花属的喇叭花和月光花从早到晚交替绽放。"

1870年4月的《传道生活》杂志提到了科伦坡第一位主教到访这座城市的情形："头几周，我们的时间主要花在熟悉科伦坡和附近街区上。我们住在政府提供的临时住所'基尤屋'，这里曾经是一个植物园，有各种热带植物，是个赏心悦目的地方。后来，崇尚实用主义的政府将它改成了马来士兵的营房。淡水湖边，古色古香的荷兰老房子阳台贴着湖面，往日的美景不复存在。每年夏季，湖中的玫红色睡莲次第绽放，蔚为壮观。在地处热带的科伦坡，傍晚时光转瞬即逝。当暮色褪去，湖岸边的树林会浮现出点点荧光，那是成千上万的萤火虫。"

美食家天堂

过去，奴隶岛受马来习俗影响深远，是美食爱好者的天堂。这里出名的美食有圆柱状的椰浆饭团和蜂窝牛肚。饭团是将椰浆和米饭放在一起蒸成的，如今当地的一些小吃店还能看到这种美食。

都铎·琼斯曾在《锡兰时代报》1935年圣诞专刊中发表了一篇文章《他们创造了锡兰》，其中写道："奴隶岛以椰浆饭团和蜂窝牛肚闻名。人们将米和面装入竹筒后蒸熟，做成饭团。蜂窝牛肚就是咖喱配方做成的牛肚。奴隶岛的确是美食家的天堂。街边小馆子里的咖喱和米饭都极其美味。"他还提到了一家美食店，"是一位亚马孙妇女开的，这里的炸虾、煮肝、烤豆和煮豆、印度薄饼（帕帕丹，这个名字听起来就感觉很酥脆）、鸡蛋、牛肚、煮土豆和鸡鸭肉让人食指大动，大饱口福"。

马来妇女非常勤劳，奴隶岛上的马来女性也不例外。她们经常用厨艺补贴家用。马来女性在这里制作出售各种小吃，比如填满牛肚和炸肉的碎肉大饼。马来男性觉得这种工作有失颜面，她们却丝毫不在意。

据说，20世纪60年代曾有一个穆斯林小贩来到奴隶岛，经常在将军湖路上沿街叫卖，手里拿着一个木托盘，上面放着用果冻模子提前做好的各种形状的彩色牛奶冻。这种果冻是海藻做成的，如今科伦坡的穆斯林还在做这种美食。过去，卖冷饮的小贩不用冰就可以用这种方式做出果冻。

还有一个马来商贩和家人住在英厄姆路的小巷里，卖各种好吃的马来糕。他经常头顶一个装食品的篮子，边走边叫卖："马来糕，马来糕，马来脆黏糕！"他卖的是普通的黑马来糕，用西米制作、切成钻石形的马来糕，和做成圆形饼干状、又脆又黏的马来糕。另一个人经常推着车卖装在老式罐子里的冰激凌，还有一些小贩卖姜黄煮过的腰果。

20 世纪 60 年代前，奴隶岛马来街、爪哇巷和韦坎达清真寺路等地方都能买到这些美食。那时候，奴隶岛有位远近闻名的马来妇女名叫达尔玛尼，她的店铺开在马来街到米尤斯街的转角上，卖椰浆饭团和蜂窝牛肚。后来她把这家店传给了名叫马沃尔的女儿。如今，马来街新轮船巷有个萨比迪恩一家开的马来饭馆，也卖椰浆饭团、蜂窝牛肚和螺旋面，还有炸牛肺和热牛肉汤，汤里有牛骨和渗着金黄色油脂的脊髓。马来人认为脊髓是一种佳肴，吃过后会充满活力。

20 世纪 60 年代前，奴隶岛还有一些素食餐馆，比如罗陀屋和吉萨饭店。如今，素食餐馆在这里还是很受欢迎。

教堂街有很多卖马来和其他地方美食的小饭馆，桑德斯广场、韦坎达清真寺路有一些店卖椰浆饭团、蜂窝牛肚、螺旋面和一种用香蕉浆和面粉混合后在糖浆里浸泡后做成的饺子。

奴隶岛公园街米尤斯有一排老库房，不久前变成了一条铺着鹅卵石的小街，两边都是各种古色古香的饭店，像东南亚餐馆"季风"、经典阿拉伯餐馆"议院"、卖披萨和意大利面的意大利餐馆、寿司店"食乐"和法国餐馆。这里是比较高档的美食街，和奴隶岛传统的小吃店有天壤之别。

多彩的娱乐

20世纪70年代前,奴隶岛是一处中心地带,六条路在那里交汇。这片区域面积很大,有一块绿草坪和一堵红墙。很多上班族下班后会到那里看晚间表演,或坐在草坪上聊天。

还有一些阿富汗摔跤手在这里展示摔跤技巧,算是一种消遣活动,也是为了震慑欠债人。其他人只能追着欠债人要回贷款和利息。

日本酒店也是表演者常去的地方。20世纪60年代,穿白制服的救世军乐队常来这里表演经典音乐。还有一个名叫"奇迹先生"的马来人在这里表演将大金属圈套在一起和变扑克牌的戏法。奇迹先生很受当地年轻人欢迎,很多人下午五点到六点下班后会去看他的晚间表演。表演结束后,他会让自己养的猴子向围观人群讨赏钱,以此为生。

20世纪60年代,奴隶岛有自己的乐队,名叫"卫星",由一群马来和荷兰小伙子组成。谢里夫丁先生是主吉他手,拉提夫先生是贝斯手,约瑟夫·扬茨是鼓手,克雷孟特·佩里拉是主唱,菲利普斯·蒂勒是经纪人。他们经常在穆斯林婚礼上表演,就像披头士乐队一样。他们也会表演披头士的歌曲。

20世纪60年代中期,贾夫纳人阿帕皮莱·纳瓦拉特南建立了里奥电影院，当地拥有了新的娱乐方式。1979年，他在同一个地方建了同名酒店。这家酒店有七层，第一层有个露天泳池，顶层有个被称为"鹰巢"的夜总会。

1965年开业的里奥电影院有斯里兰卡最大的巨幕。这里特意建了一个大厅，配备陶德宽银幕系统，这种系统是女演员伊丽莎白·泰勒的丈夫迈克尔·陶德发明的，影像投放到大银幕上后不会失真。

里奥曾经一度是斯里兰卡最适合家庭休闲的电影院，那个时候几乎没什么其他的娱乐活动。经过一层的售票台可以到达二层休息区，再走几步就可以到达三楼大厅，休息室对影院顾客开放。路对面的日本酒店提供春卷等小吃，旁边的"甜蜜熊"店则摆满了冰巧克力、饮料、腰果和花生。

这家电影院营业早期还有女服务员。她们戴着灰色空军帽，帽子中间有一道白色条纹，穿着白衬衫、灰蓝色夹克和裙子。这些女服务员主要是荷兰伯格人，她们用带子将托盘绑在肩上，卖冰巧克力等小食。电影院还会雇一些小伙子，在里面转来转去卖饮料。工作日放映电影的时间是下午3点半、晚上6点半和9点半。周末上午10点半有上午场次。电影院

艺术家笔下里奥电影院营业中的场景

正门招牌上的"里奥"由红色霓虹灯组成，方形大楼侧面装饰着蓝色霓虹灯。到了晚上，霓虹灯依次亮起，引人驻足。

这里放映的电影主要是20世纪的一些影片和音乐剧，有《南太平洋》《音乐之声》《康康舞》和《西区故事》，还有《阿拉莫》等战争片和冒险喜剧电影《飞行器里的好小伙》等。那时候，电影院对面的一块空地用作停车场，停车场和路之间摆着正在上映的电影宣传板。

1965年2月，里奥电影院营业后放的第一场电影是罗杰斯和哈默斯坦合作的音乐剧《南太平洋》。电影院是由阿帕皮莱·纳瓦拉特南之前经营的商业屋改建的。填充了泡沫橡胶的座椅舒适宽大，座椅外面包裹着人造革，扶手是椴木的。坐在这样的座椅上，观众可以清晰地看到近40英尺宽、40英尺高的大银幕。餐吧里有肉饼、三明治和汉堡。

商业因贝拉湖而聚

奴隶岛有很多商铺。这里最早的商铺是德索亚大楼，是殖民地时期的二层楼，一层是商铺，二层用于居住。这栋古老的楼在奴隶岛车站对面，是慈善家查尔斯·亨利·德索亚在1870年左右建的，有一排临街的小店，店面浅浅刷成不同颜色，卖各种商品。著名书籍出版商H.W.卡威公司也在这栋楼里，后来这里有了更多小商铺。

"二战"时期起，车站尽头多了一家果汁冰糕店，卖美味的果汁冰糕。冰糕是用浓糖浆、罗勒籽和附近象屋生产的厚冰块做成的，还加了浓缩牛奶。

这里还有名为查尔斯洗衣房的斯里兰卡清洁工公司，还有免费公共图书馆——穆斯林图书馆，里面是伊斯兰文学书籍。一位化名博拉·梅亚·拉希姆的男士在位于一排商店中间的科伦坡中心俱乐部开了一家台球厅。这里还有一家旅店兼公寓斯里亚那达酒店，转角还有一家裱画店。

后来，更多商铺入驻了奴隶岛，有车站尽头的地方荷马旅店，还有台球社兼餐馆"球杆"。"球杆"由创始人的孙子努尔·扎尔斯基管理，占据了科伦坡中心俱乐部的位置。此外，这里还有纳里姆之家和马具精选等小商铺。

奴隶岛的街市

奴隶岛早期成为商业和工业中心的原因其实是贝拉湖。很多公司环湖而建，方便取用湖水。

最早到奴隶岛开公司的有克罗斯菲尔德的维多利亚·米尔斯和海德公园角的兰帕德公司。占地八公顷的四栋楼里出售茶叶等商品，仓库还堆着各种货物。20 世纪早期，这里还有咖啡馆和老烤肉店。

基尤巷是卡森湖景店的所在地，20 世纪早期从事包装混合锡兰茶叶的出口生意。这里还有米拉之家、卡利和贾拉公司的西澳硬木材。联合地的茶叶和地产商布洛克邦德公司也在这里落脚，"二战"结束后不久就成了伦敦茶公司的科伦坡分部。

联合地成了商业聚集区，很多医药、汽车公司在这里落脚，或许是因为这里是高档生活区。科伦坡医药公司旗下的医药城在战争期间建成，后来这里又出现了联合药房和科伦坡药店。

这里也成了汽车行业枢纽，其中有汽车制造商塔克公司，还有沃克斯豪尔飞龙轿车和别克等豪华车进口商。斯蒂芬·塔克建的车库于 1942 年"二战"期间被军队接手，战后又被阿伯拉罕·加德纳议员收购，建成了科伦坡最现代化的车库。这里还进口了赖利 & 雷诺汽车和贝德福德卡车，在战时和战后时期都发挥了很大作用。

塔克赛车场现在更名为赛车场，进口了凯迪拉克、欧宝、庞蒂亚克和通用汽车。1954 年，这家公司为前来拜访的伊丽莎白女王准备了配有空调的凯迪拉克。当时这里还有一家大型停车房布朗公司，一直开到了独立战争之后。

费尔菲尔德别墅酒店的汽车集市是另一家著名的汽车公司，出售韦士柏踏板车，20 世纪 50 年代期间击败了面向科伦坡上层阶级的标致汽车。公司如今依然在原址，重建了现代化展示厅。罗兰兹后来发展成为一个技术先进的车库，20 世纪 50 年代前期与美国通用旗下的知名冰箱品牌弗瑞吉戴尔牌合作。

COLOMBO
THE BIOGRAPHY

科伦坡 传

可培提：科伦坡最繁华的地区

第七章

可培提依然是科伦坡最繁华的地区，是这座城市上流阶层最青睐的地方。如今，这里既是商业区也是居民区，商业氛围更浓厚一些，和往日只是纯居民区的景象截然不同。百年之前，这里只有一个小集市，几乎没有商业活动。

当地讲英语的人如今还经常用"可培提"称呼这个地区。僧伽罗语中"可培提"一名源于殖民时期，字面意思是"马豆田"，也可以指"男孩的领地"，指的是年轻的体操运动员。这个名字还有"黑田"和"遭到掠夺偷盗的地方"之意。

波尔瓦特"椰子园"

默文·贺拉斯在2009年出版的《殖民地可培提及其环境》中指出，可培提意为"遭到掠夺的地方"，指的是民众世代相传的农场变成了椰子园。园主是当地的一个康堤人酋长安班韦拉·阿普哈密。他为了讨好荷兰人，取了个荷兰名字"范利克洛夫"。这个椰子种植园的名字叫波尔瓦特，如今可培提的一小片地区依然沿用这个名字。不过这个观点存在争议，因为波尔瓦特这个名字在荷兰人殖民前已经存在。费纳奥·德·奎罗兹在其著作《征服锡兰的日子》（1687年）中写道，葡萄牙人攻击可培提，杀死了很多人，还劫掠了一些武器和财物。

可培提北部曾有一座老荷兰学校，后来成为贝塔区荷兰殖民时期博物馆。学校墙上的铭牌上写着"可培提正统改革基督教推广学校"。

波尔瓦特的意思是"椰子园"，是可培提的中心区。当年，康堤国王罗阇辛伽二世将发起叛乱的安班韦拉送到科伦坡，希望荷兰人能用酷刑将他折磨致死。英国人罗伯特·诺克斯在其著作《锡兰的历史关系》（1681年）中写道："一个参与叛乱的人被送到科伦坡的荷兰人手里，（国王）希望他们变着法子折磨他。但荷兰人没有对他用刑，反而砍断他的锁链，对他优待有加。他近期还在科伦坡市里。"

荷兰人对安班韦拉颇为礼遇，允许他在柯露皮蒂亚平原种植椰子。那里有一片区域名为波尔瓦特，在贝拉湖南部和圣迈克教堂之间，那时是一个椰子种植园。

贺拉斯在《柯露皮蒂亚殖民》一书中根据历史资料追溯了波尔瓦特的来源，还搜集了这位康堤酋长乌丹努瓦拉·安班韦拉·阿普哈密的逸事。虽然被康堤国王罗阁辛伽二世流放，但他后来却深得荷兰人礼遇。

荷兰人送给他一大片海边的土地，他在那里建了个椰子种植园。因为椰子园产量颇丰，荷兰人统治晚期在那里建了一个蒸馏厂，将椰肉里提取的椰汁做成椰子酒。如今，那里是用作首相官邸的大宅"树庙"。

19世纪晚期，可培提的椰子林依然存在。霍雷肖·约翰·萨克林在《锡兰概述》（1876年）中将可培提描写成一个风景秀丽的郊区："离开加勒菲斯绿地广场的那条路两侧是茂密的椰子林，顶部几乎连在一起。下面的灌木繁花盛开，果实累累，四季如春，成了一道独一无二的风景线。"

有趣的是，现在波尔瓦特这个名字在可培提的一小片区域依然沿用。这片区域在圣迈克路的两侧，从可培提清真寺附近一直延伸到埃尔维斯。埃尔维斯的原名是波尔瓦特路。20世纪初，树庙后面的波尔瓦特沟被填平。雨季的时候，贝拉湖涨水，可培提因为这条沟渠而成了一片沼泽。

这说明波尔瓦特区附近曾经是一片沼泽，湖边的土地大概是黏土。那里的斯坦利·扬茨公园近年才改名梅提公园。成为运动场之前，这里的主人名叫马伊·巴斯，靠出售割草为生。可培提还有一个地方曾叫作巴兰德尼亚，20世纪初的时候还有个巴兰德尼亚小屋。

英国人统治早期，可培提发展为一个人口数量庞大的村庄。后来，人们将这里视为科伦坡的郊区地带。

一部编年史中记载了一桩英国人和荷兰人的婚事："1802年11月27日星期六，锡兰岛财务总督乔治·梅尔维尔·莱斯利和雅科米娜·格特

1845年由约翰·德尚绘制的《锡兰美景与回忆》

鲁伊达·范格拉夫小姐在一栋位于可培提的别墅结婚。范格拉夫小姐是威廉·雅各布·范格拉夫的独女。"这里提到别墅位于科伦坡附近的可培提，说明当时可培提不是科伦坡的一部分。牧师W.M.哈佛在《1823年纪实》中将可培提描述成"一个人口规模逐渐扩张的村庄，那里有个军校校舍，一些洗衣房和村里唯一的基督礼拜堂"。

可培提曾是科伦坡的郊区地带，这里有"一座荷兰人建的平房，一片椰子树，从路边一直延伸到海边，大约五十码那么远"。同一时期，阿拉斯泰尔·麦肯齐·弗格森在1868年出版的《锡兰纪念品》中写道，可培提位于科伦坡"城西尽头处"。

牧师斯宾塞·哈代在1864年的《卫斯理公会传道团周年纪念》中描述得更为详细："加勒菲斯绿地广场从要塞区南部延伸到一英里开外，那里就是可培提村，建在路的两旁，共有232座房子。村里有个集市，还有一些别墅和本地风格建筑，位于一片椰子林中，其中有些区域属于肉桂花园。"

"几乎所有高档住宅周围都有花园，是在过去50年间建造的。这座房子曾住着一位高官，如今成了公立女校。通往海边的道路一侧曾经只有寥寥几座房子。当时在要塞区做生意的人将这里当成港口，从这乘船顺着贝

巴嘎塔拉路的老房子

拉湖支流去往要塞区。最近这里计划开设公交线路，但每个家庭也都有自己的交通工具。"

40年后，这种情况也没有太大改变，只是新建了一个市场，如今那里是可培提超市。当时的加勒路从这里穿过。阿诺德·怀特在1907年出版的《二十世纪锡兰印象》中写道："可培提中心地区有居住区，加勒路两侧各有一排商店，还有一个总是很热闹的小市场。"

可培提最知名的还是时尚住宅区，尤其是位于北侧树庙、正对着可培提路的巴嘎塔拉大厦。马图林·巴罗在1895年出版的《印度明珠》中写道："可培提是首都科伦坡郊区的名字，碎石铺成的马路纵横交错，路边是茂密的竹林和低垂的棕榈树，花香阵阵，沁人心脾。这里是欧洲人聚居区，环境怡人，房屋掩映在茂密的热带树木之间。树上挂着吊床，轻柔的音乐声缓缓飘来，氛围慵懒闲适。"

"晚上从这片地区走过，萤火虫会为你照明，随着小船划过水面，荧荧微光驱走了黑暗。花朵已经入眠,但香味依然萦绕,即便最漫不经心的人也能闻到阵阵花香,获得嗅觉的享受。"

奴隶岛的某些地方曾经是可培提的一部分。根据20世纪60年代的记录,花朵路的一部分曾经属于可培提,如今大部分划归肉桂花园。斯里马斯帕亚过去属于可培提,如今是首相官邸所在地,也划归为科伦肉桂花园。

昔日可培提：伊甸园、蝴蝶和昏暗灯光

威廉·罗斯琴伯格在其著作《环球航行》（1838年）中描述了其穿越当时的可培提从科伦坡要塞区前往肉桂花园的经历。那时的肉桂花园被称为巴嘎塔拉，属于一位L先生。"我们坐着L先生的马车，通过加勒门驶离了要塞区，穿过广场和运动场，走了一英里左右。然后，我们驶上了一条穿越椰子林的路，树荫下是锡兰人的白色小屋、平房和英国人的花园。经过那些房子的时候，L先生向我一一介绍房子的名字。平行的道路上铺着碎石，白天大部分时间都有绿荫遮挡。这里距离大海半英里左右，向远处眺望，视线会被高高的大树遮住。"

他还写道："整个旅途非常奇妙，路边景色如画，引人注目，整洁有序，令人心旷神怡。我们的一位伙伴说他从未见过如此像伊甸园的景象，觉得自己从未如此接近天堂。"

可培提还以景色迷人的小路著称。牧师斯宾塞·哈代在1864年的《卫斯理公会传道团周年纪念》中写道："可培提离肉桂花园很近，这里的居民可以长时间散步，锻炼身体。人们可以在海岸漫步，眺望大海，感受清新的海风，看着渔民乘皮划艇在海上漂来漂去，轮船的烟囱不时冒出烟来，还有一些装满货物的大船向远方驶去，这一切都可以看得清清楚楚。

落日余晖美不胜收，那是很多画家愿意倾尽毕生精力去描绘的景色。"

可培提位于蝴蝶迁徙的路上，成千上万只小蝴蝶从这里飞向亚当之巅。1867年1月的《伦敦配图新闻》写道："每年或半年一次的蝴蝶迁徙就在近几天开始，它们穿过可培提和加勒菲斯广场，疾速而不知疲倦地飞行，远远看上去就像一条明黄色的丝带。它们迎着风飞行，似乎乐于与风对抗，没有什么能够阻挡它们前进。它们飞过要塞区的高墙和建筑，依然继续前进。它们将去往何方，又为什么要去那里？"

过去，可培提晚上灯光迷蒙，如同童话仙境。默文·贺拉斯在《殖民地可培提及其环境》中回忆了20世纪40年代时的可培提。那时他还年轻，从加勒菲斯广场到巴姆巴拉匹提亚之间的加勒路有煤气灯照明，"这里灯光昏暗，气氛浪漫。路边的水龙头可供疲惫的旅人休憩润喉，也可以供住在棚屋里的居民使用"。

著名居民区

历史上，可培提或许在荷兰殖民时代甚至更早的时候就已经是住宅区了。英国人统治时期，很多富有的名流在这里和肉桂花园修建住宅。艾默生·坦恩在1859年出版的《锡兰》中写道："我们经过一长排别墅，每间都有围栏，四周种着鲜花，这就是可培提美丽的郊区风光。"

19世纪初，可培提成了住宅区，椰子园里建起了很多平房。椰子园的规模也扩大到了加勒菲斯广场。英国人统治早期，圣安德鲁教堂南侧有三座老别墅。别墅阳台宽大，低低的斜坡状屋顶朝向大海，距离地面不到六英尺。这种设计是为了抵挡猛烈的西南季风，也为让住在里面的人免受太阳直射。房子外的草坪一直延伸到海边。

这些房子应该是荷兰殖民时代的作品。朱迪·沙托克在2017年出版的《锡兰童年时光》中提到，哈蒙兹生活在一座荷兰式小房子里，两侧各有一个阳台。海边花园里有高大的棕榈树，遮住了屋顶。通过一条窄窄的小路下山，走上加勒路，就到了圣安德鲁教堂附近。加勒路海边一侧的里克曼小屋或许也是荷兰殖民时期建成的，离加勒菲斯广场很近。20世纪80年代中期之前，这里是美国使馆。后来，使馆搬到了加勒路更南侧的位置，距离当时的英国高级官员公署很近。这座房子西侧似乎是一片私人海滩。

19世纪中期，加勒路西侧或海边出现了很多规模宏大的住宅。1847年，艾略特在文章《锡兰和主要城镇》中写道："这里有很多漂亮的私人住宅，是过去几年在可培提沿岸建起来的。"

可培提的这片区域有很多大房子和平房。斯图尔特有一座海边的房子，叫作福特罗斯，是乔治·范德斯帕的住所。20世纪30年代，也就是"二战"爆发前不久，这座房子变成了圣托马斯预备学校。

阿诺德·怀特在1907年出版的《二十世纪锡兰印象》中描述了可培提的住宅："加勒菲斯广场南侧的海边是一排平房，带有围栏，掩映在椰子树和棕榈树之间。斯里兰卡的沿海地区都是这些树。向南行进，经过可培提后，房子就越来越少了。"他还写道："多数住宅看起来很舒服，很多都是大宅，带有马厩和花园，还有带草坪的网球场。"

加勒路海边的里克曼小屋大概是这里最古老的房子，建成于荷兰殖民时期。这座大宅在"一战"期间曾经是新闻大亨唐·理查德·维杰瓦德纳的住宅，后来改名斯里拉姆亚，成为著名孟加拉裔诗人拉宾德拉纳特·泰戈尔的住宅。20世纪20年代，泰戈尔带着一群孟加拉舞者来到了这里。后来这里变成了当时所谓的美国官邸，也就是通常所说的美国使馆。

加勒路海边一侧的另一座老宅是加勒玛哈，大约在19世纪50年代建成。还有一座位于同一片区域的住宅，后来得名穆塔兹玛哈，是1928年建成的殖民者住宅，原址是一座名为圣玛格丽特的法式老别墅，是穆罕默德·阿里为儿子穆罕默德·侯赛因建的。

侯赛因不是很喜欢这座住宅，后来又找来著名帕西建筑师霍米·比利莫里亚将这里改了一座意式风格大宅，以小女儿穆塔兹的名字命名。这座大宅房间宽敞，天花板很高，外面矗立着高高的柱子，还有宽阔的圆形阳台。屋外有私人车道和下沉式花园，据说是法国贵族、园艺师莫尼伯爵

可培提阿尔弗雷德屋

设计的。这家人经常骑着马沿着山坡一路回到大宅。

"二战"前,这个家族开始没落,将房子租给了法国领事。1941年,纳粹扶持下的维希政权占领法国,住在可培提的法国领事全部被召回。后来,英国驻锡兰总督杰弗里·林顿搬进了这座宅邸。1948年斯里兰卡独立后,政府买下了这座房子,用作议长的宅邸,因为这里距离加勒菲斯绿地广场对面旧议会厅的路程很近。弗朗西斯·莫拉穆爵士是入住这里的第一位官员。

后来,很多议长陆陆续续在这座房子里住过。J.R.贾亚瓦德纳普拉在任时期,议会于2001年搬到了斯里贾亚瓦德纳普拉,议长也搬到了科特。这座曾经是议长官邸的房子就作为政府地产闲置下来,一直维持着原貌。

离可培提内陆一侧很近的地方还有一些著名的房子。20世纪初,斯

斯利那加，如今是狂欢冰激凌店。

利那加是查尔斯·赫瓦维塔拉纳的住宅，后来H.唐·卡罗利斯家具公司经理维马拉达尔玛·赫瓦维塔拉纳住进了这里。随后沙纳兹·哈基姆开的狂欢冰激凌店入驻了这座房子。

树庙

树庙是可培提第一大住宅，它是当地历史最悠久的住宅，也是唯一留存下来的荷兰殖民时期大宅。

R.L.布洛希尔在《锡兰荷兰伯格联盟报》中介绍了树庙的历史。荷兰殖民时期，树庙被称为布兰德里或"酿酒厂"。或许曾经住在这里的屋主有一个酒窖，也可能这座房子曾经是酿造烈酒的地方。

据说，这座宅邸占地六英亩左右。一侧是一个湖，另一侧是海岸。英国人占领斯里兰卡后，兰佐伯爵丹尼尔·迪特罗夫住进了这座房子。1805年，房主又变成了弗雷德里克·米留斯法官。其后，这座房子几经易主。19世纪晚期，J.P.格林住了进来，因为大花园里长着一些姿态各异的鸡蛋花树，他据此将屋名改成了树庙。

恩斯特·海克尔在1883年出版的《游历锡兰》中提到了这座以鸡蛋花树命名的"树庙"。僧伽罗人在佛教寺庙里种满了这种芬芳美丽的花，向佛祖献祭。"宽阔的草坪将树庙和加勒路隔开，草坪上有两棵高大的老鸡蛋花树，还有一些巨大的木麻黄树。"

当时，树庙房主是一个叫斯坦尼福思·格林的人。据海克尔介绍，"格林的花园里种着云实、丝兰和菖蒲，东侧与可培提、奴隶岛和要塞区之间的一个大湖相接。一个天气很好的晚上,我们划着船穿过镜面一样的湖面,湖上盛开着红白两色的睡莲"。

20世纪初,斯里兰卡政府买下了这座房子,作为总督或殖民地大臣官邸。1903年,宅邸的大花园里建起了可培提警察局。"二战"期间,斯里兰卡政府秘书长罗伯特·德雷顿入住树庙。

树庙草坪常举办盛大晚宴招待贵宾。约翰·埃斯特林和梅·埃斯特林在1997年出版的《外国的无辜者,我们如何赢得冷战》中提到了树庙别墅后面草坪上举办的宴会,"树上挂着彩灯,氛围如同童话里的仙境一般"。

可培提市场和超市

可培提超市曾是这里的大超市。1900年，这里已经有了可培提市场，超市的前身就是这个市场。

超市是20世纪70年代中期建成的，位于加勒路和塞伦底布路中间，附近是自由电影院。这里原来是一个普通的小市场。据说，超市是为了给1976年参加不结盟国家会议的外国宾客留下好印象而建的。此前，这个市场又老又破，有四排露天小摊，摆成方形。中间是一块空地，就像老式僧伽罗房子中间的庭院。市场里有肉铺和菜摊，还有几个鸡肉摊。只要有顾客来，摊主就会当场杀鸡。

20世纪70年代中期前，这个超市还保留着原来的面貌。有些常客甚至说这里的气味都没变。后来这片地区盖起了一排楼房，其中有很多空地，这种设计参考了勒·柯布西耶－萨伏伊别墅的结构。一层卖蔬菜和肉，二层是鱼市，三层是一排杂货铺。店铺前是人行步道，中间是类似远洋轮船上的那种栏杆，可以俯瞰下面热闹的景象。

按照现在的标准，这只是个普通的超市，但对当时的人来说却很新奇。超市建成的几周后，很多可培提人都涌到这里来凑热闹。

可培提超市很快被一个新对手康奈尔取代，后者是个西式超市，20

西丽玛沃·班达拉奈克总理应科伦坡市长 A.H.M. 法齐之邀,为花岗岩墙上的可培提市场开业名牌题字。

世纪 80 年代时一跃成为科伦坡的主要卖场。这个超市是商人康奈尔·佩雷拉和新加坡人菲茨帕特里克合作建成的,位于车站路和循道宗学院之间,两个入口分别在加勒路和车站路。超市建成不久后,开始营业,不断有车开进去,顾客兴奋地涌入店内,在有空调的舒适环境里闲逛购物。相比喧闹的可培提市场,这里的购物环境要舒服得多。

康奈尔是斯里兰卡第一个现代超市,和斯里兰卡如今遍地可见的超市很像,前门有大停车场,大楼灯火通明,出售五花八门的商品。当时,斯里兰卡人从没见过这样的超市,都觉得很新奇。

据当时去过这个超市的人回忆,超市晚上也是灯火通明,如同白昼。人们可以买到厨房和浴室用品等各种商品,货品都在同一层,占地面积很大。超市里的很多商品都是进口的，排列整齐，和当地小商铺里杂乱摆放的货物形成了鲜明对比。

康奈尔的商品和当地市场里常见的不同。超市里有盒装麦片，有装在带图案的塑料桶里的梅多李牌面包果酱，还有不同颜色和口味的楔形奶酪。这里还卖一种日本或其他东亚国家的牙膏，装在白色塑料管里，管身上有彩色小动物图案。当时的小孩很喜欢这种牙膏。康奈尔还卖新奇的食品，比如当时还是新鲜事物的黄豆面包。

康奈尔随后搬到了可培提的斯图尔特，离现在的斯里兰卡旅游局很近，又开了多家分店。不过后来这个超市还是被新巨头凯尔斯和嘉吉取代了。

自由影院

可培提如今有一个镇上最好的电影院——自由影院,在此之前,这里进行了各种关于电影院的大胆尝试。20世纪30年代,可培提切尔西花园的大卫·德席尔瓦成立了锡兰有声电影公司,制作有声影片。20世纪60年代时又出现了一家锡兰电影有限公司,位于潘登尼斯大道,归卡德家族所有。

自由电影院建于20世纪50年代。这里原来是一个小酒馆,为腾出更多空间而被拆除。自由影院由曾任科伦坡市长的影院大亨贾比尔·卡德建立,或许是当时最现代的影院了。影院里有空调,放映最新上映的英语电影。

如今,自由影院辉煌依旧,影院的名字甚至出现在了一本西方小说里。詹尼·麦克菲在小说《非同小可》里用戏谑的语气描写了一对来自曼哈顿的姐妹维罗妮卡·摩尔和莉莉安·摩尔,其中一章提到了一个女孩在科伦坡的冒险经历。

电影院放映的第一批电影之一是《白色圣诞节》。后来,这里还放映了喜剧《老天保佑》、音乐剧《夏日假期》和《窈窕淑女》、惊悚片《火烧摩天楼》和《卡桑德拉大桥》、恐怖片《迷魂记》《精神病患者》和《兰闺

初建的自由影院（萨吉特·马哈罗夫素描作品）

惊变》。

20世纪60年代初，这里还放映过佛朗哥·泽菲雷里导演的《罗密欧与朱丽叶》。据说，只要自由影院放映西方影片，年轻小伙子看完电影出来，还会意犹未尽地模仿拔枪的姿势。

远离喧嚣的高端商业

可培提是科伦坡城区最热闹的地方之一，在这里可以购物、吃饭，远离贝塔区和其他地区的喧嚣。

这里有商场、旅店和卖纺织品、香水和各种杂货的商铺。可惜的是，理发店、书店、糖果店、电影制片厂、药房等随着时间推移逐渐消失。20世纪60—80年代，这些小店给可培提人的生活带来了一抹亮色。

虽然当时的大型商业建筑很少，可培提还是有几座商业大楼，里面有各种商铺。其中一座就是加勒路上的冰岛大楼，距离加勒菲斯广场很近。近年来这里新开的店还有那拉钢笔店和潘音数码产品公司。

AD药房位于塔楼广场，20世纪50年代左右建成。20世纪80年代，药房出售各种药品和装在玻璃瓶里的花粉、大蒜胶囊。这家药房后来由一个名叫阿斯玛的女子掌管。近年来，佩雷拉公司搬到了这里，AD药房就此停止营业。

加勒菲斯1号和2号这两座楼在加勒路占据显眼位置。加勒路在广场南侧，广场是战争间隔期间麦坎·马卡家族出资建成的，这些科伦坡地标如今依然属于他们。

加勒菲斯1号面积更小，建立更早。这栋楼有很多层，可以俯瞰加勒

加勒菲斯广场

菲斯酒店。上面是住宅，底层面对加勒路的一侧是商铺。20世纪70年代，这里的一家店"风车"提供简易小吃。后来，这里开了一家查塔姆奢侈品表店。1926年，广场的所有者变成了住在"加勒菲斯酒店"的赫伯特·史密斯和住在"加勒菲斯广场"的奥布瑞·霍林沃斯。

北侧面积大一些的加勒菲斯2号的大圆顶面对着加勒菲斯绿地广场，这里有老牌家族企业O.L.M.麦坎·马卡，是一家著名的珠宝商。20世纪40—60年代，这里还有政府旅游局和摄影暗室器材店。20世纪80年代前，这里还有一家电影制片厂和一家著名德国餐馆阿利坎特，后来改名为"巴伐利亚人"。

加勒菲斯广场还是美国中心所在地。维简德拉·沃森在2015年出版的自传《现在我来说话》中记录了他青少年时代的逃学经历。在20世纪60年代，"我们会去看电影或去加勒菲斯广场的美国中心听吉米·亨德里克斯的音乐和读书。那真是一段无忧无虑的时光"。那时，图书馆里有很多精选录音带，人们可以戴上耳机，在不打扰其他人的情况下听音乐，其中最受欢迎的就是美国歌手阿洛·古瑟瑞和克里登斯清水复兴合唱团的音乐。20世纪80年代，美国中心搬到了花朵路，后来又搬到了可培提加勒路，也就是原来的美国使馆，一直在这个地址营业到现在。

COLOMBO
THE BIOGRAPHY

科伦坡 传

邦巴拉皮提亚：科伦坡最热闹的地方

第八章

说英语的人将邦巴拉皮提亚昵称为邦巴。邦巴拉皮提亚位于科伦坡市中心，有一个号称"迷你城市"的商场和各种高档餐馆，是科伦坡最吸引人的地方之一。

如今的邦巴拉皮提亚虽然已经高度商业化，但这里还是有一片邦巴拉皮提亚公寓住宅区，郊区有很多条路通往加勒路东侧，避开了商业化的扩张。邦巴拉皮提亚这个名字的来源至今不能确定，或许是因为这里种着大片柚子，又或者因为这里曾经用来晾晒龙头鱼咸鱼干儿。

可以确定的是，一个多世纪以来邦巴拉皮提亚一直是科伦坡最热闹的地方。斯里兰卡独立后，这里修建了著名的邦巴拉皮提亚公寓，供以政府职员为主的中产阶级居住。

邦巴拉皮提亚公寓

邦巴拉皮提亚这座看似普通的楼如今依然立在海边。虽然不像科伦坡其他那些如雨后春笋一样拔地而起的高楼那么显眼，当地的人还是会向你推荐邦巴拉皮提亚公寓。公寓建于20世纪50年代，位于加勒路和印度洋之间，共有16栋楼。公寓有两层到四层楼不等，站在阳台上向西眺望，可以看到壮阔的大海。

当时，公寓外墙都刷成了冰激凌的颜色，有黄、橙、粉、天蓝、淡绿和浅褐，很容易辨别，可以想象住在这里的人有多愉快。日落时分，橙黄色的太阳悬在蓝色海面上，公寓沐浴在暮光中，镀上了一层金色。

为了营造集体生活的氛围，公寓里有活动场、人行道、沙滩等公共区域。过去这些年来，公寓形成了一种独特文化，即便背景不同，公寓居民关系还是很密切，他们甚至有一个统一的名字：公寓人。起初公寓里住的主要是荷兰伯格人，后来变成了一个民族大熔炉。公寓里有荷兰伯格人、僧伽罗人、泰米尔人、摩尔人、马来人，等等，还有信德人家庭。这里甚至还有英国人的后裔。

公寓是一个文化熔炉，居民非常团结，如果其中一个人受到欺负，其他人会一拥而上帮他出气，就像坚守三剑客"人人为我，我为人人"的信

邦巴拉皮提亚城堡路上的新城堡一号

条一样。如果你问起任何一位公寓居民，大家都会说他们之间的友谊维持了一辈子。

在邦巴公寓，人们可以和一大群朋友出去闲逛，空气里都充满了爱，浪漫的种子在这里生根发芽。顽皮的小伙子会对女孩吹口哨，模仿猫王留起后背头，蓄着长长的鬓角，做出吉他扫弦的动作。很多人叫他们邦巴拉瓦特男孩。这些人会在集市和比赛期间聚集在公寓一层或圣彼得学院。马来人在公寓很受欢迎，他们很会唱歌，还有两个音乐世家住在这里。米斯金家就是一个爵士乐队，爸爸米斯金是一个喇叭手，儿子法努克是鼓手，哈默德是歌手。据说哈默德的声音和美国歌手吉姆·里夫斯相差无几。

20世纪60年代，他们经常在加勒路对面的咖啡屋和穆斯林婚礼等欢乐的场合表演。70年代时，黎姓兄弟卡马尔和谢里登在公寓组成了一个流行和摇滚乐队SKAR。生活在公寓的荷兰伯格人家庭也出了几位优秀的音乐家。公寓里的人还在路上跳舞路演，在H栋和G栋之间随着流行音乐畅快地跳舞。

除了表演音乐，公寓居民还有很多娱乐活动。每周五晚上，年轻男女会聚在活动场观看投射在G栋楼墙上的迷你电影。

他们看的主要是黑白动作电影，大多是战争、牛仔和侦探主题。他们还自导自演一些戏剧。因为当时很多人对电视闻所未闻，这些娱乐活动为公寓的生活注入了源源不断的活力。

公寓里的青年男子喜欢玩两个游戏，一个游戏叫牛仔和骗子。他们会分成两组，每组六个人左右，一组藏起来，另一组找出他们。躲藏的人会找一些角落藏起来，另一组人会挨个找出他们，手指着膝盖下面大喊："找到啦！"

另一个游戏叫锡球。压缩牛奶或锡罐装的食品堆成高高一摞，参与者会扔出一个球，去击打场地里堆起来的锡罐。如果没有全部击倒，对面的人就会跑过来把罐子摆回去。在这之前，要再次击倒剩下的罐子才能让对面的人出局。

女孩一般都玩羽毛球、跳房子和玻璃球。她们还会玩一个叫"女孩男孩"的室内游戏，根据字母表上的一个字母轮流想出女孩、男孩、水果、花、国家的名字。

公寓附近还有一片沙滩，居民可以享受日光浴。孩子们会躺在石头上唱歌，看着被落日霞光染成金色和橙色的天空。他们还会放自己做的风筝。风筝借着海边的微风渐渐起飞，发出窸窸窣窣的响声。公寓的居民经常伴着大海的波涛声和夜间火车开过的声音入睡。

公寓的居民要是有什么需要，只要走几步就可以到商店。加勒路对面的第一栋楼有一排商店，卖各种各样的东西。这里有一家卖瓶装牛奶、冰激凌、包裹着黑巧克力的椰子塔的小店，一家咖啡店，一个鞋店，一个小百货商店，一个卖各种时髦东西的小店和一家化妆品店。还有一家阿诺玛理发店，如今还在营业。

中国龙饭店

邦巴拉皮提亚有几家中国餐馆。加勒路上的中国龙饭店是 20 世纪 40 年代初一个移民过来的中国家庭开的,很可能是镇上第一家中国餐馆。餐馆老板是位姓孙的山东人。他还是单身汉的时候,经常骑着自行车在科伦坡的大街小巷卖丝绸和蕾丝。结婚后,他和妻子一起经营餐馆。后来,他将餐馆转让给了罗杰·所罗门。

20 世纪 60—70 年代期间,中国龙饭店生意兴隆。饭店原本位于墨尔本大道和米拉吉利亚大道之间,在加勒路靠海边一侧的一栋楼里,如今还维持着原貌。后来,饭店搬到了如今所在的米拉吉利亚大道。

K.普万德兰在 2013 年出版的《一个贾夫纳医生的奇遇》中回忆了 20 世纪 50 年代他生活在科伦坡时的情景:"我们经常去邦巴拉皮提亚的中国龙饭店,我们最喜欢这家店。店外的装修很简洁,店里装饰着各种纸做的龙,天花板上挂着灯笼,还有红木家具和精美的中国瓷器,当然,这里的中国菜也很美味。"

繁华的商业活动

如今的邦巴拉皮提亚有很多高档商场，比如加勒路和车站路之间的壮丽城市商场。这里有电影院、商店、快餐店、食坊、娱乐区和超市，俨然一座迷你小城。商场是20世纪80年代初由锡兰剧院董事长阿尔伯特·佩吉开的，花了7年时间，80多家商铺和办公室才入驻完毕。90年代初，这里开了一家快餐店、一家饭店和一个超市，到了90年代中期又开了一批商铺，新开了一间食坊和一家影院。从商场一楼的中庭可以看到上面楼层的全景，周围环绕着各种商铺。年轻一代和老人都喜欢来这里逛街。

20世纪90年代，加勒路上通往车站路的转角处又开了一家联合广场购物中心。底层是一家维吉萨·亚帕书店，是科伦坡最大的书店。楼上是一些数码产品店。

在此之前，邦巴拉皮提亚没有特别有名的大商场，不过有一些小店很有名气。加勒路交叉口壮丽影院对面的K.唐·威利是一家钟表店，主营手表和钟表维修。这家公司是"二战"期间唐·威利和两个儿子唐·莱纳德和唐·帕特里克共同创立的，为驻扎在斯里兰卡的皇家海军东方舰队提供光学和导航仪器。战后，这家店改做钟表维修，店内的展示厅里还珍藏着有一百多年历史的落地式大摆钟。一些老式钟表已经停产，这家公司几年前也因为缺乏维修技师而停业。

劳里斯路上的英国汽车也是一家老店。20世纪40年代时，这家店主要卖汽车和漫步者、羚羊和皇家恩菲尔德牌摩托车。

同一时期，加勒路上的极光花园是一家有名的花店和植物种子供应商。20世纪50年代，锡兰最大的热带鱼和植物养殖出口商鲁比尼观赏鱼有限公司在芒特拉维尼亚开了一家店，80年代时搬到了加勒路。当时阿德马利一个住宅院子里还开了一家奈尔斯农场店，在壮丽影院附近，卖新鲜鸡蛋、奶酪和自制草莓酱。

邦巴拉皮提亚加勒路转角处有个不起眼的小商店，是帕西女商人阿班·皮斯托杰开的日用杂货店，卖拍卖会上得来的厨具、搅拌器和地板抛光剂，其中很多是使馆的东西。当时是1968年，政府打压进口，她因为提供来源稳定的商品招徕了很多顾客。阿班将自己的公司命名为"阿班"，如今已经是一家大公司，总部也搬到了可培提的加勒路海边。

20世纪60年代开到现在的老店还有加勒路上做彩色胶片和图像打印的宾·艾哈迈德。这家店70年代之前用的是安仕高彩色胶卷，现在换成了柯达，店名也改成了比那哈默德色彩实验室。另外一家开到现在的老店是路口附近20世纪50年代开的黄金交易所。这里还有两家著名的摩尔珠宝商，80年代时从普通小店逐渐做大。20世纪70年代，墨尔本大道还开了一家"创意设计和异域色彩"画廊。

邦巴拉皮提亚警察局附近的拉克西米出售男士时装，也是一家很受欢迎的店，店主是信德人塔库尔·查加尼。当时卖成衣的店还很少。这家店紧跟潮流，生意一直很好。60年代披头士乐队流行的时候，男士们争相模仿他们的装扮。到了70年代，澳大利亚乐队比吉斯开始引领时尚潮流，喇叭裤也成为流行服饰。印度孟买的宝莱坞电影基地也给拉克西米的时装设计带来了灵感，很多音乐家和电影明星都为这家店提供了赞助。

当时还有一些服装店是由名字很酷的本地流行乐队"喷火龙""喷气机"等赞助的，店里的衣服不输现在的时装，有花朵图案的束腰外衣、图案抽象的衬衫和带有异域风情的喇叭裤。邦巴拉皮提亚公寓附近的雷克哈是当时一家有名的影像店，位于一栋别墅里。

20世纪80年代晚期前，加勒路的沙拉兹卖各种吸引妇女和小孩的商品，有骑乘玩具、毛绒玩具、婴儿床和婴儿护栏。其中最受欢迎的玩具是牛仔枪和枪套，当时的男孩对此非常着迷。80年代前，加勒路到佛光路转角处有一家名为樱花的店是卖画材的。那里还有一些卖二手书和西方童书的店。

邦巴拉皮提亚还有一家特别的冰激凌店，主要做素食冰激凌，不加蛋和动物脂肪，有25种口味。加勒路还有一家在萨兰加帕尼神庙开的小岛咖啡，卖新鲜的烘焙咖啡豆。1983年后，几位穆斯林接管了这家店，还是继续卖生姜、豆蔻等口味的咖啡，以冰咖著名。

加勒路上还有一家卢比小店，店主是派瓦一家。20世纪60年代时，很多富豪光顾这家店，可惜后来小店还是倒闭了。这家店当时主要卖欧洲进口杂货和糖果，有荷兰芝士球和装在圆筒玻璃瓶里的朗特里牌果酱。这条路上还有一家店，卖的是当时小孩最爱的夹心面包。

COLOMBO
THE BIOGRAPHY

科伦坡 传

威拉瓦特：充满生命力的跃动

第九章

威拉瓦特是科伦坡最具活力的地方，如同跳动的脉搏般充满生命力。这里位于科伦坡最南端，住着不同肤色种族的人。边界上有两条水道，一条是南端的代希瓦勒运河，另一条是北边分隔威拉瓦特和邦巴拉皮提亚的基鲁拉坡运河。

曾经的安静小镇

两条运河入海口处有一座公路桥,是当地的地标建筑。据老一辈人回忆,那时他们会在南运河潜泳,抓观赏鱼。20世纪60年代前,这里的河水很清澈。后来,岸边建起了棚屋,工厂排放的工业垃圾影响了水质。运河两侧的码头常年有钓鱼的人。不远处还有沙滩渔船,人们可以在那里买鲜鱼。

过去,威拉瓦特和代希瓦勒郊区之间的路桥比现在窄很多,殖民时期的历史资料显示这里发生过多起事故。

20世纪初,经过威拉瓦特桥要付过桥费,行人1分,自行车10分,牛车25分,骑马或马车50分。桥边有座小房子,一个人站在那里收费。

威拉瓦特有一个小海滩。和科伦坡北部的海滨不同,海滩有一个著名的金罗斯游泳俱乐部。在这里游泳有一定危险性。每年6—10月,这片海域有很多盒水母,4—5月间还有大量刺水母,潜水的人都会避开这些时期。

20世纪初金罗斯俱乐部成立前,年轻人喜欢到威拉瓦特车站附近的海滩游泳淘沙。P.R.C.彼得森在2001年出版的《好时光:锡兰政府医疗官员回忆录》中写道:"我们经常在威拉瓦特车站附近游泳,从马尔代

人们在邦巴拉皮提亚和威拉瓦特交界的岬角上钓鱼

夫来的渔船载着酸橙,在岸边停靠。人们用长绳子将船拴在椰子树上,再将橙子卸下去,拿到镇里卖。我们有时候会抓海龟,拿回家烹着吃。碰上运气好的时候,我们还能捡到海龟蛋,也拿回家吃。"

威拉瓦特曾经是一个安静的小镇。20 世纪 30 年代在这里长大的马诺·穆图克里希纳在回忆录中写道,她经常和弟弟一起在房子里玩海盗游戏,将四柱床想象成海盗船,"从二层楼卧室窗户向外看,可以看到无边无垠的大海"。这座安静的房子有个大花园,后来这里变成了理工学院,教年轻女孩打字。

如今热闹的威拉瓦特和往日安静的小镇截然不同,很难想象一个世纪前这里是个人口稀少的地方。它的僧伽罗语名字含义是"沙园",表明这里是一个类似沙漠的地方,也可能指的是"沙滩园"。彼得森在《好时光:锡兰政府医疗官员回忆录》中描述了他 20 世纪初在威拉瓦特度过的童年时光:"长大一点后,我们经常在车站附近的花园玩。到处跑的时候,得注意避开椰子树。花园的主人曾经带回两头驴,我们就用椰子纤维和椰树枝做成缰绳，骑着它们玩。"

威拉瓦特的名字或许还来源于"荒原"这个词，因为很久之前海水上涌淹没了大片土地，导致土壤盐碱化，很长一段时间里，这里都是一片荒地。从海边的威拉瓦特纺织厂算起，向内陆一公里左右都是沙石。海岸边的土壤下层是珊瑚礁。

威拉瓦特的地表植被之下是海沙，还有贝壳、珊瑚礁的碎片，附着在灰色的沙土上。威拉瓦特运河河口有一片沙滩。20世纪50年代前，运河形成了一个入海口，退潮后，河口处几英尺高的沙堆挡住了河水，堵住了入海口。后来，人们在这里建了几座栈桥，解决了这个问题。或许我们永远都不会知道威拉瓦特这个名字的具体来源了。

值得一提的是，在20世纪60年代前，威拉瓦特加勒路朝向大海一侧就经营了三家中国礼品商店。中间一家叫中国礼品店，两边分别名为南京礼品店和香港店。

中国礼品店的正门与店内

中国礼品店的老板叫徐乃厚，在日军侵华期间来这里避难。他起初摆摊做纺织品生意，20 世纪 50 年代末开始开店卖服装。后来，店铺的经营范围扩大到中国瓷器、时髦商品和玩具等。到了 2020 年，礼品店由他的儿子徐贵福（英文名罗杰）接手。几十年过去，这家店是三家店中唯一一家还在营业的，如今主要卖中国灯、花瓶和手工艺品等小商品。

从荒凉小镇到地产热土

威拉瓦特有时被称为小贾夫纳,因为这里有大量泰米尔人。斯里兰卡独立前的几十年里,贾夫纳的泰米尔人来到科伦坡工作定居,他们主要在政府各部门做办公室职员。很多泰米尔人向往这份工作,因为福利待遇较好,年轻男职员还有机会迎娶豪门小姐。

这些政府职员即便婚后也和其他泰米尔职工住在一起,在距离加勒路稍远的地方搭伙生活。20世纪20年代,还有些在政府或公司里工作的泰米尔人住在佩雷拉巷、汉普登巷和费尔南多巷。从摩尔路的名字可以看出,这里住着摩尔人,也住着泰米尔人。

20世纪60年代前,博斯韦尔和高街有很多生活在一起的泰米尔人。他们会攒钱在附近购置地产,把家人接过来住。或者他们会通过威拉瓦特邮局将很大一部分工资用汇票寄给家人。这种情况被称为"邮局经济"。

泰米尔人搬进来之前,大部分威拉瓦特居民是欧洲裔荷兰伯格人。威拉瓦特海边有一大片椰子园,属于一个叫查尔蒙特·乔纳森·高德的伯格绅士,这里的很多条路都是按照他和亲属的名字命名的。20世纪初,住在威拉瓦特的荷兰伯格人有克里斯托费尔兹家、伊弗列姆家、高德家和普利亚家。

20世纪60年代,荷兰伯格人会在加勒路两侧房子的阳台上悠闲地躺着。加勒路上的荷兰改造教堂更是凸显了这里的伯格特色。

20世纪60年代前,这些荷兰伯格人固执地维持着英式生活方式,男士穿着休闲外套或长袖衬衫,戴着领巾去萨伏伊看晚上六点的电影,他们的妻子则戴着帽子和手套去阿瑞图萨巷附近的荷兰改造教堂进行晚祷。

萨伏伊影院

萨伏伊影院位于加勒路到查尔蒙特路的转角处，建于20世纪50年代，这个名字源于著名的伦敦萨伏伊影院。影院所有者名叫德席尔瓦，据说是为"二战"期间驻扎在这里的海外军队建的娱乐场所。影院是一个叫杰森·费尔南多的人建的。

萨伏伊影院开业后，民众涌进影院，不光是为了看电影，还想对里面富丽堂皇的装修先睹为快。兰思丽·孟妮可·斯尔瓦在2012年出版的《仰视》中写道："这家电影院装修风格非常现代，里面是沙砾质感的银灰色墙壁。椅子非常灵活，放下去后可能会突然弹起来，穿短裙的女孩可就遭了殃，很多人因为动作笨拙，闹出不少笑话。不过，影院里最引人注目的还是三道幕布，观众面对一块绸缎幕布坐着，第一声铃响后，幕布下面的两角悄然升起，露出第二块幕布。第二声铃响后，幕布向两边分开，露出银幕。第三声铃响之后，电影就开始了。"

20世纪50年代晚期，影院出现了一场骚乱。据斯里兰卡影院年鉴记载，在放映1956年的音乐电影《摇滚之父》时，一些伯格男孩情绪高涨，开始在影院里跳舞。警察赶来制止他们，免得影响其他观众观影。影院还放映《查泰莱夫人的情人》等著名影片。

20世纪60年代时，影院有女服务员，主要是荷兰伯格人，她们穿白色裙子，戴着红白波点的领巾，手举火炬，帮助观众找到座位。中场休息时，她们会拿着盛满糖和冰巧克力的托盘再次出现。坐在影院大厅要50分，二等座1卢比，一等座2卢比，包厢3卢比。影院前厅还有一个小书店，卖各种漫画书。加勒路对面的大楼里还有很多商店，比如一家信德人开的喜马拉雅服装店以及卖药和杂货的萨伏伊商场。

马诺·穆图克里希纳在回忆录中描述了童年时期生活在威拉瓦特的场景。她写道，当时有很多富有的伯格人家庭住在那里，"我们和邻居相处得非常愉快，他们很多都是荷兰伯格人。我们家的医生拉费尔和他妻子伊妮德住在离我们不远的地方。我记得他们邀请我们去喝茶，大家坐在他们家前院修建漂亮的草坪上。伊妮德会做精致的蔬菜三明治、肉饼或鱼排，还有可爱的小蛋糕等甜点，配上装在高杯子里的冰咖啡。沿路向下走一会儿就到了兰根堡小姐家，她在舞蹈学校教交际舞。米妮特·德蕾格和附近其他的伯格女孩一样在理工学院读书"。

摩尔人来到威拉瓦特的时间也不是很长。海边有一条摩尔路，科伦坡一个很大的清真寺也表明摩尔人在这里占据重要地位。穆罕默德·萨米尔在1982年出版的《过去的人物：斯里兰卡的摩尔人、马来人等穆斯林民族》中写道，当时摩尔人住在新摩尔街、老摩尔街的摩尔人街区。这里的很多著名人物"一战"后都搬到了科伦坡南部。其他摩尔人也跟着逐渐向科伦坡南部的威拉瓦特和基鲁拉坡迁移。一个叫伊斯梅尔·利比的摩尔商人搬到了威拉瓦特，还受到保守摩尔人的排挤。这个人游历中东的开罗、伊斯坦布尔和麦加后就不再穿摩尔人的传统木鞋，到了科伦坡后还继续穿便鞋。

COLOMBO
THE BIOGRAPHY

科伦坡 传

哈夫洛克镇：城中的安宁一隅

第十章

很多像旧金山这样的大城市都有"城中城",科伦坡也有类似的小城,但又不完全一样。这就是邦巴拉皮提亚和威拉瓦特东部的哈夫洛克镇。这个镇子如今是科伦坡五区,包括老哈夫洛克镇、基鲁拉坡和纳拉汉皮塔。

"小镇"里的"城市"

哈夫洛克镇的名字来源于阿瑟·埃利班克·哈夫洛克爵士。他在1890—1895年之间任锡兰总督，是唯一一个用自己名字命名市区的人。哈夫洛克爵士为当地的医疗和教育事业做出了很大贡献。在妻子哈夫洛克夫人协助下，他建立了斯里兰卡第一个妇女儿童医院。乔治·斯基恩在1906年出版的《科伦坡导览》中写道，20世纪初的哈夫洛克镇是"城里最新的郊区"。阿诺德·怀特则在《二十世纪锡兰印象》中将这里描写成"一个小住宅区"。

哈夫洛克镇是一小片区域，北部直到迪克曼路，南部是基鲁拉坡运河。东侧是哈夫洛克公园，和小镇隔着一条哈夫洛克路。1907年前，这条路叫作邦巴拉皮提亚路。20世纪20年代，哈夫洛克镇东部的绿地路也是邦巴拉皮提亚的一部分，也就是邦巴拉皮提亚向东延伸的地带。再向南是连接哈夫洛克路和高架路的玛雅大道，原来叫作连接路，是威拉瓦特的一部分，最近才并入了哈夫洛克镇。哈夫洛克镇后

阿瑟·埃利班克·哈夫洛克爵士

来成为科伦坡的一个独立区。如今，哈夫洛克镇被称为哈夫洛克市，市中心建起了很多高层住宅楼，或许这里是世界上唯一一个"小镇"里的"城市"。

哈夫洛克镇南部的基鲁拉坡是一个历史悠久的地方。这个名字的含义大概是"王冠"，或许是葡萄牙人殖民时代之前统治这里的科特国王赐予的名字。

东部的纳拉汉皮塔含义是"橘树园"，或许来自僧伽罗语。一些荷兰和英国地图中将它的名字记录成纳拉汉皮特或纳拉汉皮提。从荷兰老地图中可以看出，过去的纳拉汉皮塔范围比如今还要向西延伸一些。

威拉瓦特纺织厂对面的费尔辛格镇得名于费尔辛格家族。20世纪30年代，这个家族在当地很有名，有多所大宅。20世纪30年代，哈夫洛克镇还有一个特雷维恩花园。

之前，这里的很大一部分土地都是公有的。阿诺德·怀特在《二十世纪锡兰印象》中写道："向东就是哈夫洛克镇，政府经营了一家农场花园，用于农业和园林实验。""二战"期间，扎瓦特路的土地一部分属于海军部商店，还有一部分位于一个岔路口和托灵顿大道的土地属于军队。

20世纪初，纳拉汉皮塔政府开了一家畜牧农场，有上百只牲畜，其中包括内陆送过来增肥的小猪。这家农场在20世纪50年代关闭，变成了国家奶业局的巴氏杀菌厂。佩吉特路有一些政府高级官员的住宅，60年代时还有劳工纠纷调解委员会。

哈夫洛克公园

最初，哈夫洛克公园占地 4 英亩多一点，经过多年的扩建，面积增加了不少。它深受斯里兰卡运动员的喜爱，是许多体育俱乐部的所在地，包括哈夫洛克海湾俱乐部。海湾俱乐部在哈夫洛克公园里运转了很多年，后来搬迁到布勒路（现在的佛光路）上的班达拉奈克国际会议大厦里。除了哈夫洛克高尔夫俱乐部，这里还设有哈夫洛克体育俱乐部、伯格人娱乐俱乐部（俗称 BRC）和小马队板球俱乐部。

哈夫洛克高尔夫俱乐部的成员主要是斯里兰卡人。托尼·巴克斯顿在自传《锡兰的美好生活》（2017 年）中写道："我刚到锡兰不久，就加入了哈夫洛克高尔夫俱乐部，成员大多是锡兰人。他们对我很热情，我交到了许多很好的朋友。有一天，我想在和别人一起打球前自己先练习一下。我早早地溜出了办公室，打了大约两洞后，一位男士追上了我，想跟我一起打球。他说自己叫达德利，我也没再追问。我们一起挥杆的时候，他问了我很多私人问题，问我为什么不去皇家科伦坡高尔夫俱乐部，而是选择加入这个俱乐部。我告诉他，我想和当地人真正交朋友。他笑了。最后我问他是干什么的。'你真想知道？'他问道，'好吧，几周前我还是首相。'我尴尬极了。我知道上一任首相叫达德利·森纳那亚克，但我从来没意识到，跟我一起打高尔夫的这位男士就是首相阁下。"

安德森密码破解中心

直到 20 世纪 60 年代，纳拉汉皮塔的安德森高尔夫球场还是高尔夫球手的热门场地。后来这里建起了中产阶级公寓，现在被称为安德森公寓。H.A.J. 胡鲁嘎勒在《科伦坡市议会百年纪念册》（1965 年）中写道："高尔夫球手们放弃了距离哈夫洛克公园 200 码的安德森高尔夫球场，城市的各个角落，政府办公楼和中产阶级公寓如雨后春笋般涌现。"

第二次世界大战最激烈的时候，这里建起了一个拦截站，承担密码破译行动。但人们对它所扮演的角色知之甚少。渐渐地，它在战争期间成为英国在海外主要的无线电收听和密码分析中心。起初，人们觉得安德森卡在铁路线和主干道之间，正上方是飞机进入赛马场机场的飞行路线，不是拦截无线电通信的理想地点。但它在战争期间演变成了一个非常重要的密码破译站。

引用雷恩·多萝西·罗伯逊在《皇帝的密码：迈克尔·史密斯破解日本密码》（2001 年）中所写："安德森的主接收室由大约 100 个接收舱组成。日本在东南亚所有主要基地之间的无线电通信都被安德森持续接收着。"

COLOMBO
THE BIOGRAPHY

科伦坡 传

肉桂花园：精英范儿住宅区

第十一章

肉桂花园就是科伦坡七区。它很有名，因为这里不但有商业区，更有庄严豪华的住宅区。城市不断发展变化，肉桂花园的居住特征却没怎么变：住着斯里兰卡最古老的精英家族。这里也是科伦坡使馆区，许多外国使馆使节在一些古老的建筑里办公。

曾经真正的肉桂种植园

有人可能会觉得，叫"肉桂花园"是想让这里听起来有种精英范儿，其实并不然，它的名字来自一个真正的肉桂种植园，这里曾是种植园的中心地带。科伦坡大片土地上曾有一个大型肉桂种植园，今天的肉桂花园只是其中的一部分。古老的英国作家称它为"肉桂花园"，没有使用大写字母，表明当时它不是指代地名的专有名词。那时，肉桂花园的某些地方应该是茂密的丛林，充满危险，被看作无家可归人的避难所，古代摩尔人叫它"肉桂森林"。

荷兰企业把肉桂花园变得越来越繁华。荷兰人在要塞区附近开拓了很多肉桂种植园，种植和销售这种海外市场需求量很大的香料和防腐剂。然而，他们也以不停颁布维护国家垄断的严厉法律而闻名。1663年9月，荷兰殖民者发布公告，禁止偷窃和私自销售肉桂，违者处死。1773年6月，荷兰宣布严禁破坏肉桂树。

荷兰总督伊曼·威廉·法尔克首次系统地尝试培育肉桂。遗憾的是，他之后的历届荷兰总督都只关心如何最大限度地开发种植园。到了英国殖民时代，第一任英国总督弗雷德里克·诺思恢复了一个像样的种植园。他加固了堤坝，用宽阔的堤岸把肉桂花园围起来，并修建了环形道路穿过种植园。詹姆斯·坎贝尔在《锡兰远足、冒险和野外活动》（1843年）中提到，"在种植园里，人们除了能收获和野外相同质量的肉桂，还更方便劳作。肉桂树成列种植，这样人们每次剥树皮时，就不必像过去那样在错综复杂、无路可走的丛林中爬行，寻找适合的肉桂树"。

同一年的《园丁编年史》记载，"科伦坡附近肉桂种植园的土壤是典型的硅质土壤。在许多肉桂植物繁茂的地方，因为满是纯石英砂，地面像雪一样白"。同时也提到，"肉桂树在如此贫瘠的土壤中生长得最好，很令人惊讶。但考虑到其他情况，又显得合情合理——种植园几乎与科伦坡湖齐平，它的位置有遮蔽，气候非常潮湿，阵雨频繁，温度很高，生长条件非常稳定"。

有趣的是，这里也有良好的自然水资源。一位锡兰步枪队的军官在其著作《锡兰概述》（1876年）中提到，要塞里的井水带有咸味且不卫生，"要塞区所有的饮用水都是由当地搬运工用土制容器运来的，水源多是肉桂种植园和其他地方的泉水"。

到19世纪早期，从塔楼路向东延伸的肉桂花园都被肉桂灌木覆盖着，一路延展到距离要塞区不到1英里的地方。肉桂种植园向南拓展到邦巴拉皮提亚，一直延伸到传统上被称为米拉吉里亚的地区，甚至还包括可培提的某些地区。威廉·罗斯琴伯格在其著作《环球航行》（1838年）中提到，一位被称为L先生的年长绅士邀请他和朋友们去自己的花园做客。这个名叫巴加泰勒的花园距小镇约4英里，人们都说它是私人种植园中最好的肉桂园。其实，科伦坡许多空间宽敞的娱乐场所（比如维多利亚公园、坎贝尔公园、科伦坡马场、科伦坡板球俱乐部和科伦坡高尔夫球场），都是从当年辽阔的老肉桂花园里开辟出来的。

这一区域也曾被老英国作家称为马兰丹肉桂花园，说明它包括现在的马拉达纳，在某段时期还包括博雷拉。哈里特·马蒂诺在《肉桂与珍珠》

（1833年）里这样描述马兰丹肉桂花园："在广袤的种植园中，道路四通八达，绿色小径随处可见。"

马蒂诺说："在一年中的任何季节，这段旅程都非常曼妙，充满诱惑。蓝色的科伦坡湖，无论是在日出时闪闪发光，还是在季风的风暴中变暗，从未失去它的魅力。远处的山脉无论是在炽热的天空下清晰地勾勒出轮廓，还是被柔软的云朵包裹，都让人爱怜。亚当峰孤零零地矗立在那里，像天空之上沉没在水中的黑暗岛屿。"

肉桂花园初印象

肉桂花园总会让海外游客印象深刻，不仅因为它浪漫的名字令人遐想，色彩缤纷、鲜花盛开的环境更让许多人着迷。

夏洛特·杨格在1876年9月的《晚间阅读》杂志刊发的文章《上楼去》里提到了参观肉桂花园的经历："穿过长长的纤细的木麻黄树，乐队在树下演奏；绕过一小片开花的植物和树木，沿着环形道路就走到了博物馆；你可以骑一匹好马，花一个漫长的夜晚，离开肉桂种植园。多数人可能觉得肉桂花园很乏味。白色的沙地上点缀着矮小而闪亮的灌木，在暮色中像雪一样闪闪发光。它们既不开花也不结果，没法弥补呆板的单调。但那些像披着斗篷的哨兵一样成群结队、四处矗立的高尔基树却充满张扬。"

"要不是树木长出了奇形怪状的枝丫，它们那深沉厚重的枝叶在黑暗的庄严中会显得像个葬礼。岩石、塔楼、城堡、尖塔……从它们奇形怪状的轮廓，你可以想象出任何你喜欢的东西，昏暗的光线更显神秘。"

《黄金提示：锡兰及其伟大的茶业》（1900年）对肉桂花园的描述是："蜿蜒数英里的红色道路穿过肉桂树丛和各种各样的棕榈树。道路修筑得很漂亮，旅行者会对这里良好的路况印象深刻。一眼看过去，它们的颜色如此宁静，和四周肆意的绿色形成迷人的对比。每栋住宅都坐落在棕

画作《1930年锡兰圣诞节》

桐树和开花灌木的天堂里,种类繁多,最华丽的是藤蔓植物,蔓生在屋顶和柱子上,爬上邻近的树木,可爱的花朵闪闪发光。"

阿利斯特·麦克米伦在其著作《印度和锡兰海港》(1928年)中将肉桂花园描述为"迷宫般的红色小巷",这里"叶连绵,点缀着华丽的花朵。巷子里坐落着豪宅,可以看到红瓦和闪闪发光的灰泥。富裕气派的伯格人、僧伽罗人或泰米尔人主宰着这里的一切"。他进一步描绘了肉桂花园里的鸟类众多,"没有鸟类的花园就缺乏生机,否则人们不会执着地找寻绿叶中的芒果蜂鸟;绶带鸟在灌木丛中来回穿梭,发出奇怪的嘶嘶叫声,提示我们抬起头来,捕捉到好似火焰飞舞的景象;旋转着的闪闪发光的紫色滴珠会暴露出在花坛里采蜜的太阳鸟;仔细搜寻,你会发现缝叶莺用针法营造的鸟巢;衣冠楚楚的喜鹊无处不在,在适当的时候,用甜美的歌声取悦我们;捕蝇器和燕子在人们头顶盘旋;公园的草地上,云雀会从我们身边跳开,或者在红隼或风筝盘旋的可怕阴影下低头躲避"。

好景不长,肉桂种植园后来不再受重视,殖民政权把它分成小块土地出售给有意愿的买家。原因很简单,殖民政府认为这样靠近首都的黄金地段,与其作为种植园,不如开发成住宅物业。《西蒙兹殖民杂志》中记载,

20世纪60年代,萨吉特·玛哈鲁夫素描作品《早期肉桂花园利普顿马戏团》。

1844年,政府在马兰丹肉桂花园沃克平房附近出售一些建筑用地,价格为每英亩80英镑。

荷兰人建成肉桂花园后不到一个世纪,詹姆斯·艾默生·坦特在《锡兰》中失望地观察到:"围绕在科伦坡陆地一侧肉桂花园的现状,展示了25年来被忽视的结果,带来失望和忧郁的感觉。提供著名香料的美丽灌木在野外野蛮生长,被丛林遮蔽,有些甚至都找不见了。"他还写道,1832年,英国政府放弃了对肉桂的垄断。1840年,英国王室开始出售肉桂种植园。让他感到沮丧的是,"从首都附近的马兰丹来看,人们认为建造别墅比种植肉桂更有利可图"。因此,"他们开始大规模处理肉桂。在它腐烂之前,早已贬值到了象征性的价位"。

从那时起,越来越多的种植园被遗弃。阿拉斯泰尔·麦肯齐·弗格森在1868年出版的著作《锡兰纪念品》中说:"科伦坡的边界包括马兰丹肉桂花园，这里逐渐被售卖，变成了建筑用地。中心的一大片环形步道保留了下来，用作公共娱乐休闲场地，庭院中种着美丽的树木和开花植物。"他提到的环形步道后来被称为维多利亚公园，又改名维哈马哈德维公园。

人们拆分肉桂园不仅是为了搞建设，也是为了腾出空间给马种植饲料草。马是当时主要的交通运输方式。1962年12月，一位作家在《锡兰荷兰伯格联盟报》上发表了一篇关于肉桂花园的文章，他说："从19世纪中叶开始，肉桂灌木丛不断减少，肉桂种植园被侵占，为不断扩大的社区提供建筑工地，为马匹提供饲料草。马匹需要吃饱喝足，白天拉着定居在这里的富人们去要塞区工作，在凉爽的夜晚带着他们去加勒菲斯海边呼吸新鲜空气。"

到了20世纪初，肉桂花园已经完全蜕变成了住宅区。阿诺德·怀特在1907年出版的《二十世纪锡兰印象》中这么描述肉桂花园："这是科伦坡最宜人的区域，可能也是最贵族的地方，许多富翁、贵族的房子都坐落在这里。住宅大多富丽堂皇，居住着富有的当地人或伯格人，所有房屋都被精心维护的草坪或精心照料的花园包围着。"书中用肉桂花园指代当时已经成为住宅区的地方，现在看来是不太贴切的，因为附近的肉桂灌木已所剩无几。

不管是不是用词不当，"肉桂花园"这个名字还是沿用了下来，不仅因为这里原本是一个巨大的肉桂园，而且因为这个名字也会让人联想到香料和所有美好的东西。夏洛特·杨格在文章《上楼去》中这样描述肉桂花园："那些远近闻名的花园，据说香味会一直飘到海里去，这也不全是幻想。我们那古板的老船长极其严肃正经，根本不会胡说八道。他承认在到岸的前一晚，大家都闻到了一股香味，虽然很淡，但很明显。在科伦坡港外60英里的地方，有时会有一股从花园里吹来的'辛辣微风'，怀疑论者也许根本不会相信这个浪漫的事实。"

但对于一些人来说，他们看到"肉桂花园"这个充满异国情调的地名，抱着幻想而来，带着失望离去。塞缪尔·贝克爵士在《流浪锡兰八年》（1874年）一书中写道："看，这就是肉桂花园！我们天真地期待着童话般的游乐场！——芬芳的香料，还有我们用孩子般的想象力描绘出的肉桂花园的装饰！一大片灌木丛生的低矮树林，前后左右都是肉桂树。天空万里无云，烈日炎炎，地上是雪白的石英砂，我只好奇它能不能支撑植被。这就是肉桂喜爱的土壤；这就是我不喜欢的肉桂花园！"

有意思的是，1962年12月，一位匿名作者在《锡兰荷兰伯格联盟报》上发表了一篇关于肉桂花园的文章，他说："如今，拥有宽敞花园的大房子已经让位给华丽的公寓和住宅，它们占用了每一块可能的建筑用地。游客们离开锡兰时，已经不会想着在纪念品里加上一小段肉桂树枝了。在吉尔福德新月岛附近的平房区里，一棵顽强的肉桂树幸存了下来，证明肉桂树在锡兰的命运中发挥了不小的作用。出租车司机们载着外国乘客经过时，会停下来指着它，讲述肉桂树的故事。"

隐秘仙境

肉桂花园有许多仙境，隐藏在以前狭窄的小巷、小径里。如今已经是城市现代化的牺牲品，抹去了居民曾经在角落、缝隙和死胡同里创造的美丽。

兰思丽·孟妮可·斯尔瓦在其著作《仰视》（2012年）中写道，孩童时代，她偶然发现了一条很窄的砾石路，路边种着一排高大的木麻黄树。

"在住着各种小野生动物的开阔草地的怀抱下，它轻轻地蜿蜒着通往纳拉汉皮塔。在这里，蛇自在爬行，甲虫静静地挖洞。潺潺的小溪把我们引向一座临时搭成的桥。站在桥上，我们听到青蛙呱呱叫着，看到蜻蜓在空中盘旋。这里美极了。我们站在那里，沉浸在宁静美景中，为了不破坏这份静谧，我们几乎耳语着发声。我简直不敢相信，这样的原始村落竟然离我们杂乱的社区这么近。它对文明做出的唯一让步是在入口处开了一家摇摇欲坠的小茶馆，旁边立着一块手写的牌子，上面写着'绍齐霍尔大街'。我们想知道，这位不明身份的官员得有多么低级的幽默感，才给它起了这么个名字。'通往天堂之路'会更合适，因为它是艺术家、诗人、梦想家长时间不受干扰的理想去处。"

半个多世纪后，她再次提到这里："那个不协调的标牌已经和周围的

通往肉桂花园的路

风景一起消失了。木麻黄树多年来仍在惆怅地叹息，小溪的潺潺声已沉寂。它成了一条缓慢的水道，一座混凝土涵洞横跨其间，来往的车辆络绎不绝。现代住宅侵占了嫩绿的草地，那里曾有小溪欢快地叮当作响，青蛙在小溪里呱呱地叫着。通往纳拉汉皮塔的沼泽很久以前就被填满了。这里早已不再是农村。我们现在走的小碎石路从地理上看属于真正的肉桂花园。"

维多利亚公园

维多利亚公园最初因其形状被叫作圆形公园，1887年为纪念英国女王登基50周年改名维多利亚公园。20世纪50年代，该公园以著名的僧伽罗民族英雄杜都格姆努的母亲维哈马哈德维（生活在2000多年前）的名字重新命名。

公园最初是圆形的，后来修了一条横穿公园的道路，又沿着道路修建了很多建筑，改变了公园的面貌。从地图上粗略一瞥，就能看到公园周围有马库斯·费尔南多大街、艾伯特新月和坎南加拉大街，它们大致围成一个圈，里面坐落着科伦坡博物馆、新市政厅、美术馆、约翰·德·席尔瓦纪念剧院、市体育俱乐部和现在的莲池剧院。阿南达·库马拉斯瓦米路穿过公园，将这些建筑和现在的公园以及最近才建好的公共图书馆分隔开。

20世纪初，维多利亚公园面积达100英亩，里面草坪、花园和花坛色彩缤纷，长着棕榈树、各种颜色的美人蕉和木槿，还有一个开满了荷花的池塘。科伦坡的精英们经常光顾公园。人们可以沿着保存完好的小径悠闲地漫步，穿过一处处小花园，或在树荫下野餐。阿诺德·怀特在《二十世纪锡兰印象》（1907年）中写道："维多利亚公园占地100英亩，是一片椭圆形的广阔草地，大部分是开放的，树木三三两两站立在公园里。它

从维哈马哈德维公园看市政厅

周围的居民区就是远近闻名的肉桂花园——这个名字有点不贴切,因为附近只剩几丛桂皮灌木。"书中还有这样的记录:"锡兰农业协会的年度展览在维多利亚公园举行,在博物馆后方一大片自留地的东端占据了绝佳场地。"

当时公园另一个吸引人的地方是军队和警察乐队演出。1949年7月,一位70多岁的老人在《锡兰荷兰伯格联盟报》上发表了一篇题为《沉重而快乐的回忆》的文章,写到自己会一路走到维多利亚公园去听乐队的演奏,"我不确定是C.L.I乐队还是警察乐队,但我记得指挥是卢什维茨先生。对年轻人来说,这里是约会的好地方。除了听乐队的演出,我们还结交了很多朋友"。

据说,在两次世界大战间的那段时期,也就是"二战"爆发前不久,夜晚,警察乐队会来到公园中央的一个低矮圆台上,表演音乐串烧娱乐游客。"二战"改变了这里的气氛。短短几年,它就不再是娱乐场所。也是在那时,纪念"一战"阵亡将士的胜利柱从加勒菲斯搬迁到公园西边

池边鸟

湖上鸭

树遮蔽着小房子

一处。这里还建起了工程车间。20世纪50年代，公园里仍然遗存着车间的混凝土地基。

战争结束后，公园重新焕发了生机，听说20世纪50年代还举行了博览会和大型展览。著名的表演家多诺万·安德烈在这里有两个表演基地：一个是兰花厅，邀请爵士歌手和卡巴莱歌舞表演娱乐观众；另一个是花房，邀请戴夫·布鲁贝克四重奏等外国乐队在这里表演。

维多利亚公园亦是举办集市和展览的场地，其中之一就是由总督索尔兹伯里勋爵主持开幕的锡兰和英联邦国家贸易博览会。1952年2月到3月，博览会持续了一个月，艺术家、建筑师和电工把将近40英亩的土地改造成了一个布局迷人的小镇。亭子和摊位都有泛光照明，树木和喷泉，也在像变色龙一样不停变幻的泛光灯下忽闪不定。据说几英里外都能看到彩灯发出的红光。水上漂浮着赛璐珞鸭。从空中俯瞰，这里宛如童话世界。人们说博览会的彩灯甚至比英国艺术节时还要亮。

形形色色的展位与周围的树木、花园、喷泉和池塘融为一体。展位布置在当时极为壮观，因为公园里树木无处不在。在国家展馆和参展国家的展厅里，展出了当地著名珠宝切割商的宝石、道奇和斯图德贝克汽车、菲利普斯收音机，甚至还有来自澳大利亚的弗格森拖拉机。据说这是东方有史以来最大的一次展览，规模比伦敦南岸英国艺术节还要大。

科伦坡博物馆

意大利新古典主义风格的科伦坡博物馆建于19世纪70年代，位于当时的维多利亚公园。当时正值威廉·格雷戈里爵士执政期间，他的雕像现在还矗立在面向博物馆的巨大花园中。

没过多久，博物馆就成了科伦坡这座不断发展的城市中一个主要景点。约翰·赫斯特在《印度和锡兰的国家和人民》（1891年）中写道："在路上拐了几个弯后，我到了博物馆。人们当然希望看到许多海洋中的奇珍异宝和怪物，但我在印度其他地方已经看过很多，足以满足我对自然历史的兴趣。在锡兰室内每待一个小时都像一种惩罚。你一点儿都不想待在屋里。你会陶醉在大自然的广阔无垠和万千芬芳中。即便漫步在科伦坡博物馆，也不见得是一种乐趣，而是一种不得已。博物馆里最珍贵的就是那些文物。"

"从历史延续性来看，锡兰和罗马帝国差不多。锡兰的历史在一个世纪到下个世纪之间蜿蜒，没有任何中断。在科伦坡博物馆里，从头到尾一共170个僧伽罗国王和同样多的王后，一个挨一个放置，没有一个放错了地方，感觉很单调。"

"博物馆里有一些让人印象深刻的石头，上面刻着古老的碑文，可以

科伦坡博物馆

追溯到最初的几世纪。那时的人们只会粗鲁地写字、凿石头。佛教的纪念物已经够珍奇了，最重要的是，它们都是真品。"

当地人特别痴迷于博物馆。阿诺德·怀特在《二十世纪锡兰印象》（1907年）中对20世纪初的锡兰博物馆有这样的评价："公共假日里，公园挤满了身着欢乐节日服装的当地居民，好似集市一般热闹。"他还写道："不论何时，周日都是参观博物馆人数（不管他们来自哪个阶层和社区）最多的一天。工薪阶级会利用每周一次的休息时间聚集到博物馆来观光游玩，度过周日下午。"

20世纪初，博物馆里除了铭文之类的古代文物，还有一些小型的动物学藏品，包括动物标本，如豹子、熊、豪猪等哺乳动物以及各种鸟类。这里还收藏了一头鲸的骨架，它的尸体是被海水冲上西海岸的。鲸鱼骨架后来被放置在博物馆的主建筑中。

科伦坡博物馆是斯里兰卡首屈一指的博物馆，它永远都能给其他国家的游客留下深刻印象——不仅因为它是宏伟的意大利风格建筑，还因为博物馆内收藏了大量可追溯斯里兰卡各个历史时期的文物。

1921年，艺术家阿克萨·巴洛与她同为画家的丈夫厄尔·布鲁斯特一起来到这里。她在一篇题为《华丽的锡兰》的文章中讲述了参观博物馆的经历:"我们迫不及待地去参观科伦坡。城市的街道上满是英国商店,分布在融化的柏油路两边。平房隐藏在繁茂的花园中,集市熙熙攘攘,寺庙、圆顶佛塔,还有艺术博物馆……博物馆收藏着珍贵的石制和青铜佛像;花园里有一座桑吉佛塔门的复制品;地下之城挖掘出的雕刻品讲述着过去的辉煌。有人认为食人鲨鱼和爬行动物的自然历史展览非常精彩。"

科伦坡赛马场

科伦坡赛马场也叫哈夫洛克马场。1948年锡兰独立时,它可能称得上是全亚洲最好的赛马场地。赛马场最早出现于19世纪90年代初,当时锡兰赛马俱乐部决定放弃加勒菲斯球场,在肉桂花园买块地修建哈夫洛克赛马场。1893年6月,科伦坡赛马场开放比赛。

阿诺德·怀特在《二十世纪锡兰印象》(1907年)中说这里是"锡兰赛马俱乐部主阵地","在科伦坡年度狂欢节的'八月两周'庆祝活动中,会举行锡兰年度最盛大的赛马会,角逐州长杯冠军"。他还写道:"不做主赛道的马场上还会进行马球比赛。"

全盛时期,科伦坡赛马场占地116英亩,持续到大约20世纪60年代。它的外跑道上有一圈比赛用草地。跑道内是一圈煤渣跑道,再往里是一圈沙质跑道,供马匹日常运动。这里曾有一个马球场,吸引着狂热的英国马球运动员和斯里兰卡本国居民。

兰思丽·孟妮可·斯尔瓦在其著作《仰视》(2012年)里记录了她在科伦坡度过的童年:"科伦坡赛马场当时是一片广阔的草地,清新的风吹过,有时还带着刚割下的青草芬芳。草地沿着布勒路延伸了一小段,然后拐了个弯,回到了赛马场大道,被一道白色的木栅栏与道路隔开。"

科伦坡哈夫洛克赛马场上的女士们

汽车沿这一路段行驶,热情的年轻人从车里不断涌出。每30分钟就有一场比赛。比赛的间隙就是小贩们尽情发挥的天地。每晚在加勒菲斯绿地广场做生意的人捕捉到了这里独特的商机。除了一直很受欢迎的鹰嘴豆、虾饼和棉花糖,街边还摆着装满新鲜菠萝或芒果的盆和冰激凌车。"

兰思丽·孟妮可·斯尔瓦在其著作《仰视》(2012年)里写道,每场赛马持续差不多30分钟。"我们听到扩音器的广播声,几秒钟后,马群踢踏声如雷,从眼前飞驰而过。它们转过弯道消失在远处,我们不停欢呼。有时比赛从我们这边的看台处开始,我们就成为疯狂电影的一部分。跑道上会挂起一张大大的羽毛球网,把所有赛马的胸膛拦住。参赛者一个接一个地慢跑进赛道,走到分配给它们的位置上去。油光水亮的阿拉伯赛马状态非常好。骑师穿着五颜六色的衣服,戴着同款帽子,马鞍上挂着分配好的号码。赛马甩甩头,打着呼噜,鬃毛被微风吹皱了,它们不耐烦地上下摆动着双腿,迫不及待地想要出发。随后一声令下,网被拉起来,赛马沿着跑道飞奔而去。"

赛马是当时主要的社会活动,那时也是精英家庭女性穿着最好的时代——她们常常穿着纱丽或阿斯科特风格的长裙,想着自己可能会被拍照上杂志。

"斯里兰卡女演员并不多，在公众面前，她们的地位还不如赛马。马的主人只愿意为自己的赛马'鞍前马后'、奔走效劳"。兰思丽·孟妮可·斯尔瓦还写道："周六比赛的消息源源不断地出现在其他版面上，很多专栏都在谈论'令人眼花缭乱的纱丽和漂亮连衣裙'和'杯赛日时装大游行'——我忍不住要提一件栗色天鹅绒的两件套设计，长袖装饰着金叶，一顶带有金色叶片和栗色眼罩的菲斯帽与服装很相配。"

科伦坡赛马场在全盛时期也是集市、展览、甚至音乐表演的场所。理查德·阿恩特在《国王的第一度假胜地：二十世纪的美国文化外交》中写道："科伦坡唯一一个大音乐厅也最多只能容纳 700 人，所以我们租下了这个城市的赛马场。我们在仰望看台的内场搭起一个摇摇晃晃的防雨镀锌顶棚，每晚为三千多名听众举办四场音乐会。"

"十月的倾盆大雨为演出增添了活力和趣味，音乐家们在棚子里演奏，观众们在看台上躲雨。瓢泼大雨过滤了艾灵顿的声音——人们一直调侃说我们表演的是公爵的水上音乐。"

20 世纪 60 年代早期，科伦坡赛马场塞满了童子军大会帐篷。1965 年 2 月，这里举行了一场被称为"现代性绝唱"的工业展览会，展示政府的科技成就。为了配合展会，斯里兰卡在德国的支持下建造了充满超现代设计风格的天文馆。它比展览更长寿，更是展会唯一留存的建筑。天文馆持久矗立在科伦坡大学附近，给这里的景观增添了超现代性。

工业展览会也预示着赛马场辉煌日子的终结。不久之后，科伦坡大学开始扩建，国家档案馆进行翻新，占用了赛马场。赛马场被学校接管后，有学生搬到了那里。学校接管了赛马场、政府对发布赛马新闻加以种种限制、对纯种马进口收取巨额关税。多重因素交织，导致赛马业在 20 世纪 60 年代中期消亡。

科伦坡赛马场的一部分保留了下来。它也曾是斯里兰卡内战期间的军事用地，破旧的建筑不时被用作斯里兰卡军的临时驻地。战后不久，军队修复了这里，把它变成了一个购物中心，有麦当劳、服装精品店和手工艺品店等。以前赛马的场地现在用来举办橄榄球比赛，也承办各种博览会。这里还有周末集市，一开始只销售有机农产品，现在售卖各种各样的商品。

赛马场机场

西方发明飞机后，没过很久，斯里兰卡就迎接了飞机的降落。当时科伦坡赛马场是首选起降地。哈夫洛克赛马场足够宽敞——可能是20世纪初科伦坡最大的开放区域。

1911年12月30日，圣诞节清晨，德国人弗朗茨·奥斯特驾驶着埃特里希鸽式飞机从这里启程，在斯里兰卡进行了首次飞行。这架鸽式飞机是第一批翼尖向后展开、呈大鸟翅膀形状的现代战机，由奥地利人伊戈·埃特里希制造。第二年，法国人马奇·普尔佩和乔治·维明克驾驶着布雷里奥单翼机成功地从跑道起飞。

1931年4月，一家汽车经销商组织了一场"飞行比赛"，以赛马场为落脚地，吸引了来自印度塔塔集团的内维尔·文森特和祖贝尔·卡福驾驶的飞机。

"二战"期间，新加坡被日本人占领，亚洲盟军司令部在蒙巴顿勋爵的领导下转移到斯里兰卡。哈夫洛克赛马场和科伦坡大学的场地被英国皇家

科伦坡赛马场大看台上的皇冠标志

空军征用，供英国战斗机起降使用。皇家学院也被征用，学生们不得不在机场旁边的教室里学习，有时还得在飓风式战斗机阴影下的校园里上课。

科伦坡赛马场被改造成一个简易机场，成了皇家海军航空中队的基地，代号"HMS双头鸟"，得名于当地神话。赛马场中间修建了一条临时跑道。20世纪40年代初，基地有十多架飓风式战斗机和布伦海姆轰炸机。1942年复活节期间，日本袭击科伦坡时，并不知道赛马场是个改造过的飞机跑道。日本人计划取得制空权，在科伦坡展开持续轰炸。但他们没有注意到，飓风式战斗机从赛马场跑道起飞，双方在空中激烈交战。从拉特马拉纳机场飞来的"管鼻燕"式舰载战斗机也加入了战斗。所有战斗机都发挥了很大作用，阻挡了日本的全面袭击。

战后，皇家锡兰空军曾在赛马场举行过飞行表演。尤其是在20世纪60年代，蜻蜓直升机、花栗鼠飞机、鸽式飞机都曾在这里进行过表演。喷气式侦察机表演特技飞行，而花栗鼠飞机表演"炸弹爆炸"。有一次，表演接近尾声，一架喷气机在低空快速飞行，每次盘旋都伴随着地面上陆军工程师引爆炸药的爆炸声。突然，一声巨大的爆炸点燃了赛马的饲料，喷气机迷失在浓烟中。随后机场消防车喷射出泡沫，宣告表演结束。

市政厅：科伦坡引人注目的特色之一

市政厅是科伦坡最引人注目的特色建筑之一。这座巨大的白色建筑建于两次世界大战之间，是科伦坡市议会所在地，也是许多政府办公室所在地。它们是从贝塔区的老市政厅搬迁过来的。

新市政厅是按照S.J.爱德华兹的设计建造的，以华盛顿的国会大厦为模型，和国会大厦非常相似。里德市长任内启动了新市政厅这个俯瞰维多利亚公园的建筑工程，并于1928年完工。新市政厅的修建对科伦坡产生了巨大的影响。它改变了这座大都市的运行方式——设有宽敞办公室的新行政中心如今可以提供多种服务和设施。

H.A.J.胡鲁嘎勒在《科伦坡市议会百年纪念册》（1965年）中写到了他对新市政厅的观察："市政厅建成后，人们认为它是东方同类建筑中最好的，有助于给市政管理带来新面貌。老市政厅位于科伦坡最繁忙的中心贝塔区，新搬到维多利亚公园的市政办公室起初似乎与世隔绝。当时周围没有公共汽车或者其他交通工具可以直达，普通人根本没法过来。但从长远来看，选址是完全合理的。"

具有象征意义的独立广场

1948年2月，格洛斯特公爵、乔治六世国王的弟弟亨利王子在独立广场（即当时的托灵顿广场）正式宣布锡兰从英国统治下独立，并举行了锡兰独立议会的首次会议。

会议的举办地并不是砖瓦混凝土砌成的大厅，而是在"二战"期间皇家空军使用的几架飞机的吊架下。工程师H.R.普雷马拉特纳把吊架改建成了仪式大厅。高级专员W.C.汉金森在谈到当时的情况时说，"礼堂由两个大型空军机库组成，经历了彻底改造，装饰得非常雅致"。

礼堂的风格让人联想起古老的康提王朝。更具象征意义的是，康提王朝末代国王罗阁辛伽四世的王座就放置在公爵及其夫人就座的高台上。公爵和夫人受到了锡兰总督和总理的欢迎。仪式在临时搭建的大厅举行，有大约2万人参加，其中5000人坐在大厅里。仪式结束后，人们听说总理去了附近的旗杆处，升起了康提王朝传统的狮子旗，庆祝斯里兰卡刚刚获得的独立。

现在的独立纪念堂（一座巨大的多柱长方形建筑）也建在这里。纪念堂以康提老观众庭的设计为基础，装饰着狮子和其他传统图案。建筑团队由当时最优秀的建筑师汤姆·内维尔·韦恩·琼斯领导。

独立纪念堂

　　正是在康提的皇家观众庭,康提贵族签署了《康提条约》,将康提最后一个独立的僧伽罗王国割让给了英国皇室。重建观众庭以纪念斯里兰卡独立,对当时新独立的锡兰政府而言具有一定的象征意义。

COLOMBO
THE BIOGRAPHY

科伦坡 传

博雷拉：实用性强的商住两用区

第十二章

博雷拉，现在的科伦坡八区，是一个商住两用的混合区域。它曾是科伦坡的居住郊区，由于靠近大都市，这里接纳了殖民政府为这座不断发展的城市安置的大部分公共服务设施：大型综合医院、巴斯德研究所、大型监狱和墓地。迄今为止，博雷拉的墓地仍是科伦坡市乃至斯里兰卡最大的公墓区。科伦坡受欢迎的居住区（如可培提和肉桂花园）没法建设这种大规模设施，博雷拉就成了不二之选。因为这里靠近主要居住区的地方仍有大量未开发的空间。

博雷拉的名字可能是这么来的：暴雨袭击附近的沼泽地时，曾有一股混浊的水流经过这里。现在的瓦纳塔穆拉地区（属于博雷拉）仍然能看到这种情景。沼泽地可能曾是个浅湖，溪流携带泥沙流过，将其填满后转化为沼泽。大雨降临时，湖水喷薄涌出，形成临时溪流，流经现在被称为博雷拉的地区。"博雷拉"很可能源自 Bora Ela（混浊溪流）。

"石头堆"

葡萄牙人将博雷拉和其附近距离科塔半里格（约两英里）的地方描述为"石头堆"，暗示了这个地方的本来面貌与"砾石"或"小石头"有关。我们不知道这座布满碎石的小山后来变成了什么样子，有可能经过一段时间被夷平了，或者被河道和洪水冲走了。

人们似乎一度认为，博雷拉是马兰丹肉桂花园的一部分。事实上，20世纪初博雷拉还是马拉达纳区的一个住宅区。这就是为什么《大英百科全书》（1878年）提到斯里兰卡的主要医院是"马兰丹医院"，以及由女王陛下（1849年）命令提交给议会两院的有关斯里兰卡事务的议会文件中提到的在马拉达纳建造的"疯人院"。我们可以确定，"医院"和"疯人院"都在今天的博雷拉。今天，被叫作蓬奇博雷拉（小博雷拉）的地区连接着博雷拉和马拉达纳，尽管它大部分都属于马拉达纳。

20世纪初，这里已经变成了安静的居民区。阿诺德·怀特在《二十世纪锡兰印象》（1907年）中说，博雷拉拥有"绿树成荫的街道和矗立在花园中的漂亮住宅"。布洛克·艾略特在《锡兰实录》（1937年）中说，博雷拉是距离要塞区约4英里的"清新郊区"。

早期这里主要住着僧伽罗人和欧洲人。传说"一战"期间，哈罗德·德·萨拉姆住在布伦德尔，格雷尼耶住在鲍尔。后来也有许多泰米尔人住在这里，尤其聚集在萨姆纳广场。到20世纪40年代中期，这里出现了一条名为普维林甘广场的街道，是以一位泰米尔绅士的名字命名的。到20世纪70年代，博雷拉一直都有很多精通医学和其他领域科学的泰米尔人。

"一战"结束到"二战"开始前这段时间的锡兰总督威廉·曼宁，曼宁镇就以他的名字命名。

"二战"结束后不久，电车终点站对面盖起了博雷拉公寓。有一家药店就叫终点站药房。不久，市政大楼也建成了。市政局在瓦纳塔穆拉牲畜集市的位置建造了360套单层公寓和318套多层公寓。到1950年，头条路又建造了146套单层公寓。博雷拉也成为建造政府平房的首选。其中一个选址在曼宁镇——一座被埃尔维蒂加拉大街横穿的小镇。20世纪40—50年代，博雷拉有很多公务员住所，俗称政府平房，后来被公寓取代。

宏伟住宅

马兰丹肉桂花园公墓附近有一座古老而坚固的两层建筑，有尖尖的山墙，是荷兰政府时期肉桂花园督办的住所。J.L.K.范多尔特把它画了下来，是他"荷兰占领锡兰岛回忆系列"（1888年）画作的一部分。画里就是现在的博雷拉，它曾经被认为是广阔的马兰丹肉桂花园的一部分。

博雷拉也有个古老的住宅，据说是某位荷兰总督的狩猎小屋，后来被简单地称为"荷兰之家"。"一战"后，它被汽车先驱威廉·科怀特买下，最终被拆除，成为坎内特路上的科怀特车库所在地。有趣的是，听说20世纪30年代城堡街上也有座"荷兰之家"，但不能确定它俩是不是一回事。

另一个著名的宏伟住宅是卡尔斯鲁厄——律师查尔斯·安布罗斯·洛伦兹的家。住宅里有个几英亩大的花园，面对着后来的坎贝尔公园。它的名字来源于一个德语单词，意思是"查尔斯休息地"。洛伦兹自己建造了卡尔斯鲁厄，也在这里魂归泥土。他的住宅被赠予了妻子信任的伙伴——伊莉莎·拉·布鲁伊。不久之后，这片土地被分割出售，其中五英亩被卫理公会买下，建起了韦斯利学院。

科塔路的圣海伦斯是埃及流亡者马哈茂德·费赫米的住处。他和埃

电车终点站

及革命领袖奥拉比·帕沙一起来到科伦坡。埃米尔鲁厄是20世纪初西奥多·贾亚瓦德纳上尉的住所。"一战"期间,自由斗士、后来成为斯里兰卡首任总理的森那纳亚克住在城堡街的希里梅杜拉,之后搬到了坎内特路的伍德兰兹,他在1948年成为总理后一直住在那里。

20世纪初,伍德兰兹是地主彼得·德席尔瓦·维杰亚拉特纳的家。同时期其他著名的住宅包括坎内特路的埃拉别墅和维恩克里夫,以及"一战"期间城堡街的布兰德尔。

20世纪20—30年代,"一战"结束到"二战"开始前这段时间里,出现了更多既属于商人又属于专业人士的豪华住宅,包括城堡街的伯林厄姆、罗泽尔、洛雷托、春天小屋和瓦伦西亚,位于科塔路的罗德尼之家,巴瓦广场的特尔福德,阿巴斯诺特街的朗斯代尔,摄政街的奥西里斯,林荫路上的温奇莫尔,卡尔斯鲁广场的圣安娜,坎内特路上的埃拉雷内,蒂克尔路上的博尔顿,坎贝尔公园大道上的弗洛依拉,坎内特路不远处萨姆纳广场上的萨姆纳庄园，还有卡尔斯鲁花园、门雷波斯和马蒂尔达别墅等一众豪宅。当地市政官员可能在马蒂尔达别墅居住过。

"二战"时期到20世纪40年代，有名的住宅有巴尔莫拉尔、科尼斯顿、凯瑟琳·维拉、拉克什米尼和金赛路的斯坎达吉里，城堡街的伊娃栋、奥克福德和威斯特菲尔德，艾略特广场的斯里亚拉和韦弗利，迪克尔路的卢埃林和伊普沃斯，布莱克路的司康尼，厄姆斯广场的瑟斯菲尔德，头条路的弗里德芒和城堡街旁林荫大道上的克拉夫芬。

坎贝尔公园

20 世纪初,坐落在当时马拉达纳区的坎贝尔公园就小有名气。公园以斯里兰卡第一任总警司罗伯特·坎贝尔爵士的名字命名。他创建了现代警察部队,后来又在科伦坡市议会任职。

公园虽然以高级警察局长的名字命名,却没能阻止犯罪分子频繁光顾。20 世纪 20 年代,据说有小偷以招妓为借口,把男人从要塞区引诱到坎贝尔公园,并从等待女人出现而毫无防备的男人那里偷走贵重物品。

坎贝尔公园以前很受小孩子的欢迎,保姆或儿童看护会用婴儿车推着孩子们到处溜达。20 世纪初,公园东北角有一个网球场,曾是布卢姆菲尔德板球运动俱乐部的所在地。

坎贝尔公园在斯里兰卡政治史上也占有重要地位。1971 年 4 月,人民解放阵线叛乱最激烈的时候,被称为切·格瓦拉主义者的人民解放阵线成员奉命去袭击西丽玛沃·班达拉奈克总理的官邸。他们收到的命令是:抓住总理,不管她是死是活,都要在当晚带到坎贝尔公园。毫无疑问,政变被挫败了,总理继续任职了很多年。这里如今仍是劳动节和其他政治集会的首选地点。集会从海德公园一直进行到坎贝尔公园。

旧坎贝尔公园位于贝斯兰路和公园大道之间。现在的公园是以前的坎贝尔操场（足球场）。点缀环境的许多景物早已不复存在，包括曾经矗立在公园大道两侧显眼位置的娑罗树或炮弹树。

被称为"白宫"的综合医院

1864年，政府在京士路建起了综合医院，后来它逐渐发展成为岛上主要的州立医院。医院现有床位超过3000张，位于摄政街附近。它的官方名称是国立医院，隶属马拉达纳区。

位于京士路的两层主建筑建于1904年，通常被称为"白宫"。它仍然保留着古老的特征，有着壮观的白色立面和复杂的建筑——比如方形的外部门廊和高耸的装饰壁，可以用"维多利亚婚礼蛋糕风格"来形容。建筑保留了内部的木结构和通往上层的木楼梯。这里后来变成了医院的皮肤科。

C.G.乌拉戈达博士在《斯里兰卡医药史》（1987年）中重现了殖民统治全盛时期医院的环境："综合医院建在城市人口不太稠密的地区。从北面走近它，你会看到一条枝繁叶茂的小巷，位于马拉达纳的两处大型住宅蒂奇伯恩和盖塔里姆后面。从东边看，有一条车道通往韦利卡达监狱，为数不多的房屋中有两家棺材铺。从西边的塔楼路可以看到眼科医院所在的方位，有一间叫作'芒果小屋'的低矮平房，这里被后来的荷兰总督用作狩猎小屋。从右边看，沿着摄政街只有五所房屋。从医院往南走是一条长长的大道，通往坎内特公墓。后来人们用医务部门负责人威廉·金赛爵

"白宫"

士的名字,把这条大道命名为金赛路。"

1900年,这里共有300多个床位。美国海军卫生局局长在《综合医院报告》(1900年)中记载:"综合医院由许多分馆组成,两边的窗户都开在有顶的门廊上。医院主体用砖和灰泥建造,屋顶用的是瓦。这里医院里有一个条件很好的手术室。修女们都会来帮忙。"

他说,大多数病人都接受免费治疗。付费病人分为三类:住宿条件最好的旅客区、种植园主区和海员区。大约"一战"期间,这里建起了商人病房,后来成了主要的付费病房,收治了许多重要人物。

几年后，美国医生尼古拉斯·森在《从印度出发：环游世界医疗之旅》中这样描述综合医院："医院由许多单层砖混楼阁组成，楼顶廊柱与水泥人行道相连，整个建筑群看起来很气派。雪白的墙壁、柱子和红瓦屋顶，与围绕着建筑的常年绿色形成了强烈而美丽的对比。"

很长一段时间里，医院的护理人员由圣方济各姐妹组成。1886年，欧洲的护理修女首次来到斯里兰卡，为委托她们护理的医院提供服务。到20世纪初，有32名欧洲修女在这里夜以继日地工作过。当时（甚至"一战"后），医院一直有一个所谓的贫民区，也就是医院的免费区。贫民区由一位女修道院院长监管，有40多位修女在此工作。虽然修女来自欧洲许多地区（德国、意大利和西班牙），但她们都用法语作为交流语言。

20世纪60年代中期，时任政府终止了所有修女在公立医院的护理服务，最后一批"南丁格尔"不得不离开斯里兰卡。

现在，综合医院仍是一家典型的欧洲风格老式医院，散发着消毒剂的味道，护士还穿着浆洗过的制服。为了容纳更多患者，综合医院也进行了一些现代化改造。

值得称道的女士医院和儿童医院

博雷拉还有几家值得称道的"女士医院"——是以两位非常有成就的女士（英国总督的妻子）命名的。

位于马拉达纳路上的哈夫洛克夫人女子医院建于1896年，是典型的维多利亚式建筑，有红色的陶土墙、巨大的廊柱和华丽的窗户。它有4间病房，每间病房有6张床和两张铺着红色被单的小床，还设有六间病房专供有钱的病人。医院的护士长评价说，"我从未见过这么整洁的医院"。

在两次世界大战之间的岁月里，出色的外科医生如凯瑟琳·安德森、爱丽丝·德波尔和梅·德利维拉在这里工作，并在海外赢得了一些声誉。美国海军卫生局局长在《综合医院报告》（1900年）中写道："哈夫洛克夫人医院是一个小型的妇女治疗机构，有34张床位。"有人说，它后来的僧伽罗名称"Nona Wattuwa"取自玛丽·诺娜·费什医生，这位医生在20世纪初担任这里的医疗主管。这个名字后来被里奇韦女士妇女医院沿用。

20世纪50年代初，城堡街妇女医院落成后，哈夫洛克夫人医院就停止了运营。旧建筑在90年代被拆除，腾出地方兴建了由中国政府资助的里奇韦夫人儿童医院的十层新楼。该医院于2000年开业，床位增加到

1000多张，成为世界上首屈一指的儿童医院。这可能也是唯一一家诞生于另一家医院旧址上的新医院，这也算是世界医学史上最独特的事件。

1910年，毗邻哈夫洛克夫人医院的里奇韦夫人医院开始接收病人，起初叫作里奇韦夫人儿童病区，专门接收哈夫洛克妇女医院无力治疗的儿童患者。"一战"期间，人们逐渐知晓了这块病区，后来独立成为一家成熟的医院。它是一座两层楼高的建筑，配有装饰性地板、华丽的栏杆和木楼梯。20世纪50年代开始，它逐步在病房和服务设施上投资，现在已经有22间普通病房、6间特殊病房和2000多名员工。

COLOMBO
THE BIOGRAPHY

科伦坡 传

德马塔戈达：最新的新区

第十三章

德马塔戈达，即科伦坡九区，是科伦坡最近才划定的区域。

德马塔戈达长期处于城市边缘地带，人口稠密，穆斯林（主要是摩尔人）聚居。这里是主要的居民区，有一些商业分布。虽然摩尔人大多是商人，但德马塔戈达却从来不具备什么真正的商业性质。附近的商业中心在马拉达纳，其他人忙着在贝塔区做生意。

当时的大花园

最早提到德马塔戈达的可能是僧伽罗编年史《拉贾瓦利亚》,"拉贾辛哈把营地设在德马塔戈达瓦塔,包围科伦坡,并派山地人前去破坏城墙。葡萄牙人发现后,埋下地雷将城墙炸毁。许多山地人因此丢了性命"。另一个重要的历史记录是费纳奥·德·奎罗兹的《征服锡兰的日子》(1687年)中所写:"拉贾辛哈烧毁了自己的营地后逃跑,被1600名葡萄牙人追到了马塔戈尔桥(德马塔戈达)。"

编年史让我们相信,在斯塔瓦卡王国的国王拉贾辛哈一世围攻被葡萄牙人控制的科伦坡时,他在德马塔戈达建立了营地。那里当时是个大花园,有德马塔或格梅琳娜亚洲树(一种灌木,古代僧伽罗人经常会把它的坚果和槟榔放在一起咀嚼)。菲利普斯·巴尔代乌斯在《贝施里温格》(1672年)中记载:根据1656年拉贾辛哈国王写给赫尔夫特将军的一封信所述,拉贾辛哈围攻科伦坡时,把营地设在路易斯·戈麦斯·平托的花园。

这里现存最迷人的房屋是英国时期的两层建筑——玛丽山铁路学院两侧的铁路宿舍。现在卡尔斯鲁广场和费尔南多大街之间的这些建筑仍然保留着旧时的魅力,看起来还和过去时代的建筑特点一模一样。

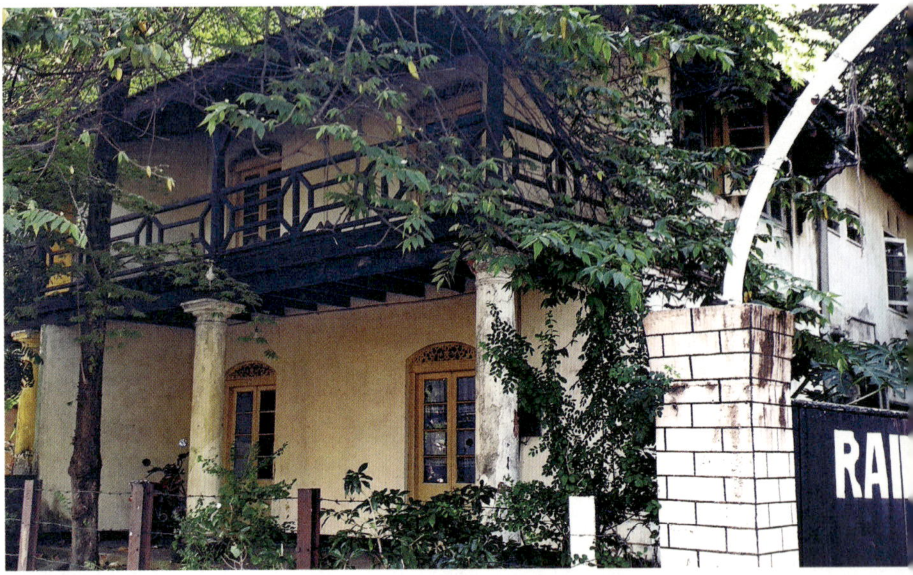
RAI

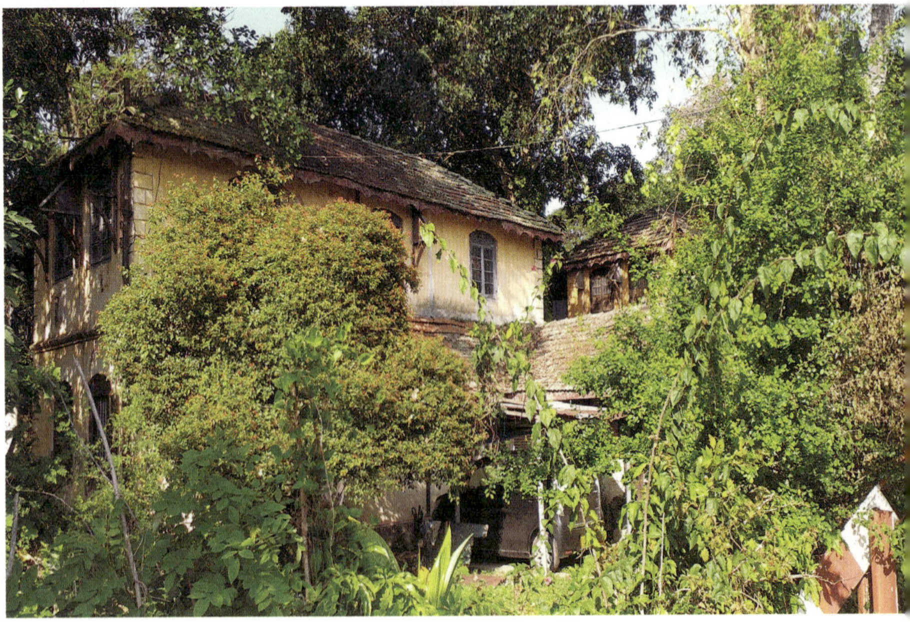

旧时建筑

库皮亚瓦特墓地

库皮亚瓦特墓地位于德马塔戈达和马拉达纳之间的无人区。1879年，官方把这里分配给穆斯林社区。当时的政府规定了一个条件：要在三年内修建一堵边界墙。

富有的什叶派穆斯林博哈群体没有自己的墓地，他们中的卡梅吉·加法尔吉找到当时摩尔人领袖瓦普切·马里卡尔，向他讨要一块土地。狡猾的马里卡尔分配了一部分土地给这个群体使用，作为交换，让他们建造政府所需的边界墙。

库皮亚瓦特还立有一座翠蓝色的纪念碑，纪念埃及革命领袖奥拉比。1882年，奥拉比带领埃及人民反抗英国占领，1891年被英国流放到科伦坡。

COLOMBO
THE BIOGRAPHY

科伦坡 传

第十四章 马拉达纳：种植园和花园

马拉达纳，也就是科伦坡十区，曾与肉桂花园相连，被称为"马兰丹肉桂花园"。在英国殖民时期，这里是一块非常大的地区，包括今天的马拉达纳、博雷拉和肉桂花园。

马兰丹肉桂花园

1802年，英国人绘制的第一张科伦坡地图上有名为"马兰丹的肉桂种植园"的地方，艾略特医生在《西蒙兹殖民杂志》（1847年）发表的文章《锡兰和主要城镇》中也提到了"马兰丹肉桂花园"。许多殖民时期的记录都称它为"马兰丹肉桂花园"。

后来，这里与以马拉达纳老村为中心的摩尔人居住地分隔开来，向东与广阔的肉桂种植园的内部接壤，随后被分割成一个单独的地段，成为科伦坡的一个区。肉桂种植园的西边慢慢变成了富裕的当地人和欧洲人的定居地，被赋予"肉桂花园"的名字，变得独特。

人们一直认为这个地名是"肉桂种植园"的方言词。哈里特·马蒂诺在《肉桂与珍珠》（1833年）里写道："肉桂收获的季节里，东印度公司负责管理肉桂合同的代理人卡尔先生有个习惯，每天早上会骑车穿过科伦坡附近马兰丹肉桂花园的一块又一块区域。"荷兰时期的记录也表明该地区当时叫马兰丹。例如，1757年4月荷兰的一则公告禁止在马兰丹砍伐木材，违者罚款200荷兰盾或处以25年的铁链劳役。1714年11月，另一则公告禁止在马兰丹砍伐木柴或任何其他树木，并严禁破坏肉桂植物，违者处死。

也有可能是因为它特有的白色土壤或沙子，不利于种植肉桂以外的作物，本杰明·克拉夫牧师在《僧伽罗—英语词典》（1892年）和查尔斯·卡特牧师的《僧伽罗—英语词典》（1924年）中都将马拉达纳称为"沙地区域""沙地平原"。

"马拉达纳"这个名称很可能是由摩尔地区早期的穆斯林定居者引入的，因为它也是摩尔人定居地的一个地名。马拉达纳一直都容纳着非常庞大的摩尔人群体。

W.M.哈佛在《卫斯理派往锡兰和印度传教故事》一书中写道："我们离开了肉桂种植园，进入了马兰丹——一个毗邻科伦坡贝塔区的伊斯兰教村庄。村口映入眼帘的是一座相当宏伟的清真寺，通往清真寺的道路被一排排棕榈树和棉花树遮蔽着。"詹姆斯·塞尔柯克在《锡兰回忆录》（1844年）中写道，摩尔人在科伦坡尤其多，"他们是郊区一个叫作马兰丹居民区的主要成员"。

老马拉达纳包括摩尔人的村庄。这个村庄估计就是现在的扎希拉学院和警察局内部或周围。这里是个偏僻疏松的定居点，后来发展成为博雷拉和蓬奇博雷拉。种植肉桂的土地四处散落，其中一些土地曾经是湿地或沼泽地，后来被开垦。

"一战"时，贝拉湖北侧已经开垦出了近40英亩的土地。这些土地是用从湖底挖出的泥土平整出来的。其中大约有12英亩用于修建新的麦卡勒姆路，以亨利·麦卡勒姆总督的名字命名，是他提出了填海造地的想法。造出来的地沿湖岸修有一道墙，从加勒菲斯桥一直延伸到上校花园。

20世纪初，由贝拉湖东岸的苏杜韦拉

亨利·麦卡勒姆总督

马拉达纳的地标建筑之一

沼泽开垦出来的荒地穿过麦卡勒姆路和达利路，开放供人们居住。早年这里有市政仓库、商店和从贝塔区迁来的木材棚。福布斯路的一部分就建在旧苏杜韦拉沼泽肮脏湿透的场地上。拉德巷也有一家苏杜韦拉商店。马利加瓦特位于新开垦出来的土地上，现在是马拉达纳的一部分。

坎马尔瓦塔位于马拉达纳摩尔人区域，意思是"史密斯花园"，这里有一个政府大型住房计划正在建设中。据说19世纪80年代，先知穆罕默德的后裔曾在马拉达纳的莫拉纳格瓦特居住。

马拉达纳现况依旧：这里的居民区相对贫穷，商业区转为集中。一个很好的例子是潘奇卡瓦特，商业区和住宅区是分开的。前者包括大量商店，沿着潘奇卡瓦特路铺开，主要经营汽车零部件。后者是一大片住宅连着住宅的土地，穿过巴杜里亚巷，一直到另一侧的苏曼加拉路。

你会发现莫希登清真寺道路的两侧,数百座简陋的住宅紧紧地挤在一起,主要居住着摩尔人。其中一段人口非常密集,通道狭窄,简直就是个迷宫。除非你对这里很熟,否则很难走出去。

上校花园

上校花园在马拉达纳占地不大，有一个巨大的神庙。它在当地叫作卡皮塔瓦特，也就是"上校花园"的意思。虽然古老的民间传说认为这个名字受荷兰人启发而来，但事实表明，它更有可能跟一位葡萄牙上校有关系。

据说，荷兰殖民当局任命了一位高级军事官员来监督印度商人，特别是那些进行香料贸易的商人。这里当时是一个半岛或海角，三面被贝拉湖包围，一直延伸到马拉达纳附近。

旧时的水贩把湖水运到城里，卖给没有水井的居民。那是很久以前的事了，当时人们还没疏浚湖道，开垦更多土地，马拉达纳火车站所在的位置可能也被水淹没着。麦卡勒姆路（现在的D.R.威沃丹大街）就恰好建在从湖泊填海而来的土地上，所以人们才觉得它是半岛。

那时候，这里人烟稀少，只有几处住宅。后来这里逐渐有了商业化活动。据说20世纪初，上校花园建了奶牛场，萨瑟兰巷里开了几家德国进口商舒尔茨兄弟公司的商店。

上校花园如今最有名的是大型神庙建筑群——"岛上神庙"——是对过去的回忆，因为脚下的土地曾是贝拉湖上的一个岛屿或半岛。据说神庙

马拉达纳火车站

曾经是个相当热闹的宗教场所。

　　马里加坎达山离马拉达纳火车站不远。传说骁勇的国王拉贾辛哈非常憎恨葡萄牙入侵者,渴望消灭他们。他用兵包围了当时被敌人占领的科伦坡要塞。想打赢战争并非易事,因为要塞的城墙一直扩建到了贝塔区。国王下令挖了一条很深的壕沟,排干护城河的水,并将宫殿设在附近的山上。他在那里举行了宫廷仪式,这个地方就叫马里加坎达或"宫殿山"。

塔楼剧院

20世纪开始，马拉达纳建起了许多电影院。最早，帕西大亨詹姆斯·弗雷姆吉·马丹在印度创建了马丹剧院，不久就将业务扩展到了科伦坡。20世纪20年代中期，马丹在马拉达纳路建造了埃尔芬斯通电影院，并在塔楼大厅放映印度电影。塔楼大厅也位于马拉达纳。1929年，马丹旗下的帝国剧院首次放映有声电影。20世纪30年代，马丹旗下的埃尔芬斯通剧院设有1200个座位。到了40年代，人们把这些剧院叫作埃尔芬斯通有声电影院。

两次世界大战之间的时期，锡兰剧院是马丹的有力竞争对手。20世纪20年代初，名为A.努尔扎伊的印度富商在马拉达纳清真寺的一块土地上创办了奥林匹亚剧院，后来被奇坦帕兰·加德纳爵士的锡兰剧院接管。20世纪40年代中期，达利路上建起了新的奥林匹亚剧院，归莫希登和贾比尔卡德所有。甲级中央剧场由贾比尔卡德创办的锡兰娱乐公司所有，于20世纪40年代开业，当时剧场放映了法兰克·阿尔伯特·辛纳屈和凯瑟琳·格雷森主演的米高梅电影《起锚》。还有位于坎贝尔大道的二十世纪剧院有限公司，由C.H.Z费尔南多经营，20世纪40年代，这里会放映电影和举行戏剧表演。

塔楼大厅的钟塔

其他剧院包括斯里桑加拉贾大街的皇冠和达利路的加米尼。20世纪60年代，剧院放映了沙米·卡普尔和赛拉·巴努主演的电影，还放映了《红圈勇士》。达利路的加米尼剧院成立于20世纪50年代初，放映西部牛仔电影。

塔楼大厅可以说是斯里兰卡的第一家现代剧院。此前，戏剧大多在茅草屋顶的临时木棚或锡棚中上演。该剧院由企业家G.D.亨德里克·塞内维拉特建造，位于潘奇卡瓦特靠近马拉达纳火车站的一块土地上，据说本来想用作马厩或马车停车场。

相传，亨德里克在女婿查尔斯·迪亚斯的鼓励下做出投资。迪亚斯是一位受欢迎的剧作家，他的戏剧《般度迦阿巴耶》后来在剧院上演并迅速走红。在当时没有电影、电视或广播的情况下，戏剧表演是唯一的娱乐形式。当时的剧院很大，可以容纳800人，也有记载称最多可容纳1500名观众，具备了欧洲剧院的所有装修风格，有阳台和休息室。

剧院得名于主厅旁边的一座钟塔。这座钟塔的建筑风格仿照了横跨泰晤士河的伦敦塔桥，因此也被人们叫作塔楼剧院。1911年12月，在亨利·麦卡勒姆总督的赞助下，这里正式开业，上演了戏剧《般度迦阿巴耶》。这里很快就成为一个重要的戏剧舞台，上演当时葡萄牙著名剧作家C.唐·巴斯蒂安、查尔斯·迪亚斯和约翰·德·席尔瓦等人的戏剧。他们颇有名气，是真正的当地"莎士比亚"，人们甚至把两次世界大战之间的时期戏称为"塔楼时代"。

20世纪30年代，这里被租给了F.C.弗兰克。"二战"结束几年后，锡兰剧院把这里买了下来，变成了一个电影院，叫作"塔楼有声电影"。不久，塔楼有声电影开始放映印度电影。

1978年，塔楼被政府接管。在当时的总理拉纳辛赫·普雷马达萨的领导下，政府对塔楼进行了升级改造，以重现其往日辉煌。经典僧伽罗戏剧从几十年前约翰·德席尔瓦创作的《斯里·桑加波》和《斯里·维克拉玛》开始复兴，随后上演了20世纪40年代D.V.塞纳维拉特纳创作的《萨穆德拉德维》。时至今日，这里仍是受欢迎的戏剧、舞台剧、舞蹈表演和音乐表演场所，附近唯一的竞争对手就是埃尔芬斯通剧院。

中国商店红红火火

中国人很早就来马拉达纳开商店了，可能比同样雄心勃勃的摩尔人还要早。中国商店以前只经营中国丝绸和其他东方服饰，后来也代理来自亚洲各地的其他纺织品。

来自中国山东的商人创立了一些商店。在20世纪三四十年代，他们来到斯里兰卡，骑着自行车叫卖纺织品，然后在马拉达纳定居下来。20世纪五六十年代，他们抓住了这里蓬勃发展的商机，做起了红红火火的生意。

马拉达纳现在差不多还有多家中国商店，包括位于马拉达纳路的华乐店、华联店、香港纺织品店、南京店和迪安路的新中国店、中国鸿富商店、山东张氏经营的中国壹价店，以及西蒙兹路的新中国山东店。

这里也住着一些做假牙的中国牙科技师，其中几位仍健在。据说这些中国的牙科技师以前会用踏板操作"脚踏式机器"切割假牙。

一些中国人还在马拉达纳置产置业，据说多年前有多个中国家庭住在闸门巷。

马拉达纳中国牙科技师的诊所招牌

COLOMBO
THE BIOGRAPHY

科伦坡 传

第十五章

赫尔夫多普：法院的代名词

赫尔夫多普是科伦坡十二区，其历史可以追溯到早期殖民时代。斯里兰卡沿海省份遭遇了殖民统治，把赫尔夫多普塑造成了现在的法律中心。这个名字起源于荷兰，在荷兰语中是"赫尔夫特村"的意思，用以纪念在围困科伦坡行动中殉职的荷兰将军杰拉德·赫尔夫特。

科伦坡法官的住所

据史料记载，葡萄牙人占领科伦坡期间，赫尔夫特将军在附近一座山上设有指挥所，可以俯瞰城堡的壁垒。之所以选择从这里展开围攻，是因为这里海拔较高，可以很好地侦察一直延伸到贝塔区的葡萄牙要塞。1656年5月，荷兰军队赢得了战争，残存的葡萄牙人也投降了。但就在胜利即将来临时，将军胸口中了一颗致命的子弹。这里后来就被叫作赫尔夫多普或赫尔夫特村，纪念这位经历了最后一战的伟大将军。

约翰·沃尔夫冈·海德特是最早提及赫尔夫多普的人。他在著作《非洲和东印度的地理地形》（1744年）中写道，赫尔夫多普"坐落在科伦坡城堡大炮射程内的小山丘上"。他还提到了科伦坡法官的住所，"这座房子是乡村法官的固定住所，他主管着村庄，就像总督统治城堡区一样"。

他写道，这座房子有两层，前面有一堵墙，墙外是警卫室，后面有个院子，周围是厨房和各种仆人宿舍。除了设有一间警卫室，赫尔夫多普没有其他特别之处。约有30名士兵在那里通宵守卫和巡逻，防止事故发生。

荷兰统治时期，赫尔夫多普有一个重要的法庭。但荷兰时代的最高级别法院，并不在赫尔夫多普，而是在要塞区，离后来的立法委员会大楼很近。最高司法殿堂设在行政首都要塞区也顺理成章。

英国殖民早期，最高法院搬到了赫尔夫多普。这里建有一个完整的法

荷兰时代的建筑

院建筑群，包括国家最高法院在内。在沃特曼绘制的地图上（1808年），他把赫尔夫多普的建筑称为"最高法院"。但也有人认为，法院早在荷兰殖民时代就迁到了赫尔夫多普，但到底是不是最高法院还不确定。约翰·卡珀在其著作《锡兰生活旧时光掠影》（1878年）中这样描述赫尔夫多普："这些法院从要塞管辖区撤走的原因很奇怪。据说，荷兰统治斯里兰卡期间，当最高法院在科伦坡的防御墙内开庭时，时任总督试图就一些跟自己有牵连的案件恐吓法官，因此向荷兰最高统治者请求在没有防御墙的情况下开庭。统治者授予了斯里兰卡这一特权，并延续至今。"

但赫尔夫多普不仅仅代表法院。约19世纪初，英国人不喜欢贝塔区的小商小贩游走在贵族中间兜售商品，于是把他们流放到了赫尔夫多普山脚下。英国殖民早期，贝塔区集市就这样转移到了赫尔夫多普，但并没能持续多久。詹姆斯·科迪纳在《锡兰掠影》（1807年）中写道："市场，以前坐落在贝塔区和郊区之间的公路上。集市不过是一排茅草棚，人们来来往往、熙熙攘攘，带来了很多麻烦。"

以法院闻名

赫尔夫多普现在很有名，几乎就是法院的代名词。几年前，埃尔莫·贾亚瓦德纳上尉在老达瓦萨大楼的利连礼堂发布了一本跟乌鸦有关的新书。有人打趣道，在利连礼堂发布这本书，是因为它离"乌鸦"很近——赫尔夫多普的律师因为身着黑袍，被人们取名"乌鸦"。

荷兰殖民史上的最高法庭——荷兰法院却不在赫尔夫多普，而是在立法委员会大楼对面。英国殖民早期，军队和司法部门之间冲突不断。1804年，法院搬到赫尔夫多普。从那时起，最高法院大楼就简称为法院大楼，直至英国统治终结。

约翰·卡珀在其著作《锡兰生活旧时光掠影》（1878年）中描写了当时的法院。他这样形容到赫尔夫多普的路："我催促我那可怜的马车以每小时五英里的速度前进，经过古怪老旧的荷兰房屋和尘土飞扬、摇摇欲坠的摩尔人住宅，爬上了陡峭的山崖，山崖上耸立着一大群建筑物，有大的有小的，有旧的也有新的——这里就是赫尔夫多普。"他继续写道："走过山下那些可怕的街道之后，这里让人心情愉悦。可以俯瞰临海的堡垒，偶尔还能享受微风。草地周围巨大的三角形建筑群面向道路，有最高法院、地区法院、警察法院和各种书记员办公室。在这一堆法律机构的周围，涌

赫尔夫多普法庭一景

现出一大批形形色色、风格迥异、外观古怪的建筑——它们是荷兰人、葡萄牙人、泰米尔人和僧伽罗人兄弟商会。有些人说,法院会对当地人随意惩戒。如果真是这样,商会肯定会尽力帮助自己人。"

1932年10月,J.L.K.范·多特在发表在《锡兰荷兰伯格联盟报》上的文章《老科伦坡》里写道:"(赫尔夫多普)最高法院当时有一个朴素的低矮屋顶,周边是个阳台——外观上与现在的希腊多立克柱式相去甚远。古老花岗岩杯("巨人杯")以前放置在一圈砖石建筑内,现在横躺在院子里。很明显它是荷兰首席军事官员官邸附近空地上废弃喷泉的一部分。"

取代老建筑的现代最高法院大楼是新近建造的。20世纪80年代,中国人帮助建造了新大楼,从屋顶仍能看出新古典主义建筑风格。

摩尔人定居点

赫尔夫多普可能是科伦坡最古老的摩尔人定居点。有一些老街，如老摩尔街和新摩尔街仍然保存着过去的记忆。

殖民时代的记录表明，16世纪时，科伦坡曾有一个摩尔人聚居区。以这里为中心，老摩尔街是最初的居住地，新摩尔街代表了后来的扩建。这两条道路位于科伦坡，在旧地图上被称为"摩尔区"。从C.D.温策尔中尉绘制的地图（1766年）上可以明显看出，摩尔人当时已经定居在新老摩尔街。一些地名也独具摩尔人特色，比如胡塞尼亚街、信使街等。

位于新摩尔街的科伦坡大清真寺至今仍是岛上主要清真寺。不仅因为清真寺规模大，还因为它在社区宗教生活中扮演着重要角色。多年来，都由这座清真寺宣布斋月的开始和结束。它也是科伦坡现存较为古老的清真寺，有两层楼高，由爪哇建筑师穆罕默德·巴兰卡亚设计建造。清真寺可能是第一座这种风格的宗教建筑。1826年，当时的锡兰总督爱德华·穆尔·巴恩斯参观清真寺时，大力表扬了建筑师出色的工作。

西蒙·卡西·奇蒂的《锡兰地名录》（1834年）中记载："马兰丹的伊斯兰教清真寺看起来很宏伟，但摩尔区清真寺的辉煌程度大大超过了它。清真寺的前面有一座美丽的宣礼塔。"

生活在瑟鲁夫

赫尔夫多普的摩尔人总说他们的传统街区是瑟鲁夫区，包括老摩尔街、新摩尔街、信使街、巴伯街。瑟鲁夫的街道又宽又繁忙，两旁全是住宅，没有人行道。

那时，瑟鲁夫的生活很纯粹，主要的商业中心在贝塔区。瑟鲁夫有一些小打小闹的买卖，能看到街头小贩和奶制品供应商。以前，尤其是20世纪早期，摩尔人的房子都建得非常紧密，很多时候门和门挨在一起，证明这是个非常紧密的社区。每当举行婚礼或圣人纪念日宴会时，两到三所房子会同时打开门迎客，腾出地方容纳更多人。

这些房屋外面都有格窗，在保证隐私的同时，保证光线和空气进入室内。格窗可以防止陌生人偷窥室内的女性，又能让女性向外眺望，看清站在门口的访客是谁。一些房屋更进一步，比如信使街上的房屋就直接在整面墙壁上做了格架。当时，人们出行主要靠步行或乘坐一种牛拉的车。车有两个大轮子，两边各有两组座位，驾驶座在前面，门开在后面，有两个台阶。很多住在瑟鲁夫的人，都爱全家出动去野餐。

有血缘、婚姻关系甚至互为邻里的家庭会组团去参观远处的景点，如达夫塔·贾拉尼或贝鲁沃勒。每个家庭都会准备一种特定的食物，大家可以分享各种各样的美食。

20世纪四五十年代,孩子们都会翘首以待一位定期来瑟鲁夫的孟买男子。他身穿白色纱笼、宽大衬衣,头戴头巾,除了售卖当地的各种棉花糖,还卖一种粉红色或绿色的薄脆蛋糕。另一位小商贩是摩尔人,他穿着色彩鲜艳的纱笼和衬衫,手里拿着一根长杆子或杵,上面裹着红、粉、白条纹的棉花糖,他会从上面摘下棉花糖给孩子们吃,只收一点点钱。他有时会根据小顾客的喜好把棉花糖拉成各种形状,比如火车头、公共汽车或房子,这些小朋友会根据他带来的样品做出选择。拉成各种形状的棉花糖变成了固体,可以保存一段时间,闲暇时吃。

还有位叫库达达的穆斯林男子,他穿着纱笼和外套,出售一种大馅饼,里面塞满了牛肚;卖冰激凌的人头顶圆木盒,中间是一个银制的罐子,四周全是冰,里面装着盛在杯子里的冰激凌;还有人推着一辆敞篷马车来卖可口的甜甜圈和鹰嘴豆;每到傍晚,就会出现一个独自叫卖酱料的小贩。

还有一个摩尔女人,经常四处兜售杯状蛋糕和一种里面放了粗砂糖的圆柱形蛋糕。她偶尔带来美味的阿拉伯风味蛋糕,有咸味的和甜味的,后者夹杂着葡萄干、腰果和糖浆混合物。

瑟鲁夫是一个保守的穆斯林地区,居民穿着得体,就连40岁上下的富家女,穿着都很朴素。每次出门时,她们都要在纱丽外面罩上一条白袍,遮住头发,盖住身体,一直盖到脚踝,只露出脸。白袍通常用源自法国的布料制作。比较富裕的妇女穿着豪华的纱丽或薄纱,颜色柔和。

人生的主要里程碑都值得隆重庆祝。孩子的命名仪式通常在出生第40天举行,主要是在妇女中举行午餐庆祝。另一个与家中儿女有关的活动是成年仪式,根据家庭富裕程度,宴会将持续一周。妇女们会在这时玩室内游戏。

摩尔人房屋的窗户

  婚礼则更为盛大。在当地婚礼的筹备阶段,人们会把房屋粉刷成白色,在洞房里准备一个金箔宝座。请柬在婚礼前十天发出。19世纪晚期,当地人不会发请柬邀请大家来参加婚礼,而是由新郎本人穿着最好的衣服,在一大群朋友的陪同下,去拜访方圆几英里内的每一户人家。新郎必须亲自邀请各家各户的男女主人。

  新郎还要去迎娶心上人,如果新娘的家离得很远,新郎就坐着敞篷马车去娶亲。如果新娘家不远,就由两个盛装打扮的男孩陪伴着新郎步行,后面还跟着一大群亲戚朋友,甚至街坊四邻都会陪他一起走去新娘家。

美食与街头叫卖

赫尔夫多普住着很多擅长烹饪美食的摩尔人。这里可是斯里兰卡摩尔人居住的瑟鲁夫区的中心,光凭想象就知道他们能做出什么样的美味佳肴。

这里现在是街头小吃爱好者的天堂。阿卜杜勒·哈米德街两旁的餐馆和摊位上,各种各样的街头小吃一直热卖到午夜过后,不妨把这条街叫作"美食街"。肉类小吃琳琅满目,让人联想到《天方夜谭》里的阿拉伯美食。

差不多20世纪60年代前后,食品行业开始蓬勃发展,其中一家就是保加利亚酒店——20世纪六七十年代新摩尔街上很受欢迎的一家穆斯林酒店。

同时期,老摩尔街还有两家非常受欢迎的穆斯林酒店,由印度穆斯林经营。一家是巴瓦酒店,以烤饼和咖喱羊肉闻名;另一家是纳菲萨酒店,以米饭和咖喱闻名,还有当天屠宰的新鲜羊肉。

20世纪60年代起,阿拉维亚酒店和附近的伊克巴尔酒店声名大噪。时至今日,酒店仍然矗立在赫尔夫多普街和老摩尔街的拐角处。

老赫尔夫多普的大街上,兜售商品的流动商贩会发出各式各样的叫卖声。

　　I.B. 达维德在《锡兰圣诞节时报》（1924年）刊登的《科伦坡街头叫卖声》中提到了"长着一张查理·卓别林面孔的摩尔小贩，他幽默的俏皮话深受老少喜爱"。文中说："他人还没来，你就能听见他在用一种即兴的、快速的、有共鸣的方式，断断续续地重复着下面的话，预告他的到来。叫卖声大概是炫耀他精心准备的羔羊肉的诱人品质：羔羊美妙极了，可以把婴儿从泪水中解脱，可以让儿媳对婆婆的存在无动于衷……"

COLOMBO
THE BIOGRAPHY

科伦坡 传

科塔赫纳：百年前的繁忙地

第十六章

科塔赫纳，科伦坡十三区，历史悠久，位于贝塔区的东北角，离要塞区不远。

100多年前，这里是科伦坡最繁忙的地区之一。

"矮树林地"或"树桩荒地"

"科塔赫纳"这个地名的起源与金图皮提亚截然不同。它好像来自内陆,而不是人口稠密的沿海地区。众所周知,地名本身会出于历史原因、人口中心的转移或行政市政的决定而扩展到原来的边界之外。随着时间的推移,科塔赫纳似乎"兼并"了其他地区。

"科塔赫纳"在僧伽罗语中的字面意思是"矮树林地"。泰米尔语"种植了本土杏树的林地"可以更好地反映最初的意思。当地有大量的泰米尔人,对某一区域的命名很有可能是从他们那里借鉴的。

"科塔"可能是某种植物的谐音,暗示了与植物的联系,指的是姜的替代品,或"本土杏树"。据说大约50年前,这里曾经有两株柯坦树,一株在邦金斯路的起点,另一株在学院路废弃的采石场附近。

在僧伽罗民间流行的传说中,科塔赫纳曾经是一片树木茂密的地区,一场熊熊野火把这里烧得只剩树桩,因此科塔赫纳又被称为"树桩荒地"。

金图皮提亚圣托马斯教堂

金图皮提亚是一个由繁忙熙攘的住宅和商铺组成的街区,它的名字来自一座古老的教堂。

1893年,一位名叫克利维德的作家在投稿给《文学月刊》的文章《圣托马斯教堂历史简写》中,追溯了教堂的历史。该教堂当时位于海街、海滨街与科特博安交汇处的山顶上,建在一座罗马天主教堂的废墟之上。作者写道,"这块土地可能从葡萄牙殖民时代起就被用来埋葬死者"。

500年前,葡萄牙人来到这里时,发现了一个聂斯托利教派十字架,表明曾经有波斯基督徒在这里生活过。它也可能属于一个来自喀拉拉邦的叙利亚基督徒团体,传说是圣托马斯将7个波斯十字架带到那里。根据印度

金图皮提亚圣托马斯教堂

圣托马斯教堂内铭文

　　传说，圣托马斯在公元一世纪传教，并在马德拉斯附近的圣托马斯山殉道。当地的基督徒认为他去过斯里兰卡，亚当峰上的脚印就是他的。葡萄牙作家·迪奥戈·德·库托在《亚洲十年》（16世纪）记录，圣托马斯在科伦坡一个采石场的石头上留下了膝部痕迹。但实际上科伦坡还没有发现圣托马斯的足迹。库托可能将其与亚当峰上亚当的足迹混淆了，这也解释了为什么后来基督教觉得亚当峰的脚印属于圣托马斯。

　　古老的十字架则被雕刻在石柱上。1636年，方济各会牧师保罗·达·特林达德在《征服东方精神》一书中写到："在科伦坡附近建有一座美丽的使徒圣托马斯教堂，里面有一个小石柱，上面刻着十字架，是光荣的使徒托马斯用双手亲自制作的。"

19世纪初，英国人修建的新教堂拔地而起，成为岛上第一座英国国教教堂。西蒙·卡西·奇蒂在《锡兰地名录》（1834年）中写道："马拉巴圣公会教堂，名为圣托马斯，坐落在一座小山上，靠近奇蒂区，正面面向大海。"

教堂仍然保留着许多旧世界的魅力。墙壁一侧保存着建造者罗伯特·布朗里格的名字。在这位将军的统治下，1815年，整个岛屿包括康提王国落入英国人的手中。教堂也是这一年开始修建的。

圣卢西亚大教堂

科塔赫纳有非常多的天主教徒，人们甚至可以把圣卢西亚广场及其周围的地区叫作"小罗马"。

最大的教堂是位于圣卢西亚广场的圣卢西亚大教堂，也是科伦坡大主教所在地。圣卢西亚是一位女圣徒，她帮助那些躲避罗马迫害的基督徒并殉道而死。这座教堂是梵蒂冈圣彼得大教堂的复制品，里面存放着圣卢西亚的遗骨。

教堂最早可以追溯到1760年荷兰占领斯里兰卡的最后几年。当时圣菲利普·内里的神父们在这里建造了一座朴素的棕榈屋顶建筑。现存的宏伟教堂应该是19世纪80年代英国殖民时期修建的。修建这座大教堂花了30多年的时间，直到1906年才完工，当时它可以容纳多达6500名信徒。

教堂是一座文艺复兴风格的建筑，山墙顶上有圣母玛利亚、圣徒约瑟夫和安东尼的雕像，大厅过道两侧立着许多比真人更高大的圣徒雕像，还有一座非常独特的圣母雕像，被称为科塔赫纳圣母。重达4000多磅、名为安东尼·托马斯的大钟是从法国马赛远道运来的。

金图皮提亚路上另一座相当古老的教堂是罗马天主教健康圣母会，泰米尔基督徒通常称为维兰坎尼教堂。据说这座教堂建于1810年，后来进行了扩建，现有三座白色的大尖塔，是一处非常美丽的风景。

COLOMBO
THE BIOGRAPHY

科伦坡 传

格兰帕斯：运河流动的『集结地』

第十八章

格兰帕斯一直都是个非常商业化的地区。凯拉尼河上的船只通过格兰帕斯，从内陆其他城市进入科伦坡，给居民带来各种货物。

从历史上看，格兰帕斯地位特殊。它是科伦坡要塞北部凯拉尼河转弯处的老渡口。可以说它是荷兰人统治下所有运河流动的"集结地"。从格兰帕斯兴起的最重要的运河是圣塞巴斯蒂安运河，源头在维多利亚大桥附近，途经当时的布卢门达尔沼泽，流经赫尔夫多普山的山脚和贝拉湖，最后汇入大海。

格兰帕斯：渡轮与桥

格兰帕斯现在是科伦坡十四区，它的名字有"渡轮附近"之意。

雅各布·哈夫纳在《徒步穿越锡兰岛游记》（1821 年）中曾写道："我们路过科伦坡的一条河，荷兰人称为格兰帕斯河。这条河发源于亚当峰，在科伦坡以北几英里的地方汇入大海，我们乘着一艘方船渡过这条河。"

英国殖民早期，格兰帕斯是指横跨凯拉尼河的一座木质浮桥，它由超过 20 艘并排停泊的船只组成，支撑起一条通往科伦坡的行车道。1822 年，爱德华·巴恩斯爵士修建了这架船桥，1886 年船桥被洪水冲走，市政当局不得不研究能否在凯拉尼河上建一座铁桥。1895 年，维多利亚大桥通车。旧名"格兰帕斯"就用来标识浮桥及其周边地区。

詹姆斯·亚历克斯·布朗在《英国炮兵》中提到，1834 年年末一座名为"格兰帕斯"的船桥受到飓风的影响。一位名叫马丁的炮手想要挽救这座桥，他与两名当地人乘坐独木舟到达河岸，当时船桥正以每小时 10 英里的速度漂走。夜晚又黑又湿，他们找不到船桥的具体位置，只能等天亮。于是他们把独木舟绑在椰子树上，在暴风雨中待了一夜。

早上，他们终于到达船桥处，水位上涨得很快。桥由 20 多艘船组成，每艘船上都安排了一名当地人来协助搬运木板，马丁则负责两端的木板，

荷兰时代的格兰帕斯

并按要求放掉系泊物。修桥持续了九天之久。情况非常糟糕，泛滥的河水淹没了附近的整个村庄，居民们不得不爬上最高的树躲避洪水，也只能靠树上的果实果腹，一直坚持到有人来救他们。居民们被安置在船上，他们在船上待了三天，洪水消退后才上岸，总督给他们提供了食物。

与今日的格兰帕斯不同，旧时的格兰帕斯有众多仰慕者，包括英国人。詹姆斯·科迪纳在其著作《锡兰掠影》（1807年）中这样写道："这里有一条美丽的水道，穿过绵延一英里的乡村，穿过稻谷，越过两座树木繁茂的小山后，与北路相交成直角。这是最常见的航线之一，科伦坡人管这样的航行叫作'绕道而行'。"他还写道："格兰帕斯的运河上经常挤满了平底大船，这些船从尼甘布运来鱼干儿、鱼卵、虾、木柴和其他物品。船上盖着茅草屋顶，一般也是船主及家人居住的地方。其中一艘船的棚子里有两张长榻，这是英国绅士们去看猎象或享受其他乡村娱乐时的住所。"

1855年7月12日《闲暇时光》杂志上发表的文章《乘马车去康提》中写道："早晨五点左右，我们从科伦坡出发。沿着格兰帕斯前行，这是当地最好的街道之一，不久就穿过了横跨壮丽的凯拉尼河的船桥。这座桥是欧洲科学和技术的典范。20余艘大型驳船彼此等距固定，结构宏伟。在一天中规定的时间里，船桥开启，让无数船只顺利通行，在河中航行。各种马车和成群的行人随时都要从桥上经过。这是一条通往康提的路，附近还有许多大集市。桥上的景色很美。"

船桥与铁桥

风景如画的船桥横跨纳加拉甘山口的凯拉尼河,是一座约500英尺长的木制浮桥,由20多艘船并排停泊,支撑着通往康提路的行车道。这座船桥建于1822年英国殖民早期。

女王陛下命令提交给议会两院的有关斯里兰卡事务的议会文件中提到了对"格兰帕斯船桥"的修复,建造两艘船的费用是42英镑。大约同一时期,听说政府为船桥建造了几艘铁船。19世纪60年代,有资料显示,五艘属于船桥的铁船需要涂漆。这表明为了让船桥更牢固,也用上了铁质结构。

1895年,横跨凯拉尼河的维多利亚大桥取代了船桥,将通往康提的大道连接起来。新桥是座铁桥,为纪念维多利亚女王登基60周年而命名,它承载着通往康提的伟大道路。

2000年,拥有百年多历史的铁桥被更新的斯里兰卡—日本友谊桥取代。

船桥

COLOMBO
THE BIOGRAPHY

科伦坡 传

穆特瓦尔：科伦坡的水上入口

第十九章

在科伦坡最北端的穆特瓦尔以北，凯拉尼河汇入大海，将科伦坡和其他地区分隔开来。

穆特瓦尔的名字来源于泰米尔语，意思是"河流的入口"，诉说着河流与大海相遇的故事。

水上入口

葡萄牙人和荷兰人将凯拉尼河入海的那部分称为马图尔河，英国人继续使用这一叫法。英国殖民早期，罗伯特·珀西瓦尔船长在其著作《锡兰纪实》（1805年）中写道："穆特瓦尔河在包围了附近的一大片平地后，形成了一个非常美丽的半岛，从要塞区约3英里处流出。沿着穆特瓦尔河岸的乡村绵延数英里，风景如画。"

穆特瓦尔，科伦坡的水上入口——这样的战略地位让它在当时的强权政治中地位特殊。有趣的是，人们把河对岸的狭长地带称为兰西亚瓦特，意思是"荷兰人的花园"，这在很大程度上说明了西方殖民者对斯里兰卡根深蒂固的影响。兰西亚瓦特把科伦坡和其他城市分隔开来。穆特瓦尔的其他叫法，如弗朗萨瓦特和博桑瓦特，也证明了以前欧洲人的存在感。前者的意思是"法国花园"或"弗兰兹伯格人家族的花园"，后者的意思是"水手长的花园"。

殖民者到来之前，穆特瓦尔的大部分居民是来自内陆的渔民和船夫，他们在这里建造了临时住所。到了20世纪初，穆特瓦尔主要居住着渔民，其中大多数是罗马天主教徒，这表明渔民在葡萄牙人到来之前、在皈依天主教信仰之前，就已经生活在这里了。

河与大海的交汇处

穆特瓦尔有几个下辖地区，它们一定相当古老，有自己的故事要讲。这些地区包括马塔考里亚、卡迪那和马达姆皮提亚。马塔考里亚可能源于泰米尔语，意思是"牛魔王"或"很多牛"——听起来很合理，荷兰时代该地区就因牲畜和奶牛养殖而闻名。

1932年10月，J.L.K.范多尔特发表在《锡兰荷兰伯格联盟报》上的《老科伦坡》中写道："马塔考里亚周围的低洼地形成了曾经属于范德梅登的圩区，很多人现在还把它叫作范德梅登。范德梅登这个人拥有大片农田和牧场。狭窄的运河和水道把土地连接起来。奶牛在圩区挤奶，用平底船把牛奶运到农场，跟现在的荷兰一样。"农场似乎一直延伸到了现在的格兰帕斯。因为格兰帕斯有个地方就是以农场荷兰主人的名字命名的。《科伦坡街道命名法》的匿名作者在1875年9月30日出版的《观察家报》插图文学副刊中写道："格兰帕斯区内坐落着范德梅登圩区，这可能是锡兰有史以来第一个尝试建立的示范农场。但这个地方现在已经被填埋，盖起了房屋。唯一幸存下来的荷兰印记大概就只剩名字。"

从乌鸦岛码头看海上船只

凯拉尼河入海之前流经穆特瓦尔最北部，这里叫作卡迪拉纳，可能是以一位古老的摩尔海盗的名字命名的。传说在穆特瓦尔附近的拉萨穆纳坎达或恶魔之山曾有摩尔海盗出没。

《拉贾瓦利耶》是一部可追溯到17世纪的历史著作。书里写道，在达摩波洛罗摩婆诃王统治时期，一名叫作卡迪拉纳的摩尔海盗从印度南部的卡亚拉海港而来，带着大量的摩尔人手下从基瓦夫登陆，目的是在基瓦夫强行捕捞珍珠。

拉萨穆纳坎达海盗

拉萨穆纳坎达山是科伦坡一座有着有趣传说的山,虽然城市的发展已经让它面目全非——它现在变成了科伦坡北部马塔考里亚的一个安静郊区。它看起来特别平静,所以人们根本无法想象它背后隐藏着的可怕秘密。它的名字本身就是"恶魔脸的山"的意思,虽然现在它经常被称为"神田山(远山)"——好像是要掩盖名字的邪恶一般。人们说拉萨穆纳坎达山住着一个吃人的恶魔。取这个名字也可能是因为,过去从陆地或海洋的远处看时,这座山可能会给人留下恶魔脸的印象。从这里也可以俯瞰南面的科伦坡港口。

这里如今这么宁静,人们很难相信海盗曾在这里频繁出没。他们不像那些戴着骷髅头、黑帽子,动不动就割人喉咙的加勒比海盗。对被他们掠夺了船只的经验丰富的海员,他们毫不留情,但处刑方式可能更文雅一些。摩洛哥旅行家伊本·白图泰在1358年出版的游记中说,科伦坡是"锡兰岛最好的城市之一",他还提到一个"叫贾莱斯蒂的海上王子",他身边跟着大约500名随从。尽管后世认为他是一个海盗,但在伊本·白图泰的描述中并没有暗示贾莱斯蒂是个嗜血的恶棍,或者像西方流行传说中的海盗一样四处掠夺。

J.范·桑德在《苏拉哈托：锡兰摩尔人简史》中对贾莱斯蒂及其追随者的描述，可能是从当地人的民间传说中收集来的："当地传说贾利斯蒂是个暴君，手下有一群强大的摩尔人和非洲人。他们是手持弯刀在陆地上英勇战斗的战士，是海盗和掠夺者，熟悉科伦坡海岸的每一条小溪和丛林要塞。据说，他住在一个俯瞰大海的高地上，像统治者一样威风极了。科伦坡北部的马塔考里亚有一个叫拉萨穆纳坎达的地方，他把自己的堡垒藏在附近山上的大树后面。海盗头目可以借这个有利的位置监视接近的商船。强盗团伙随时准备在黑暗的掩护下，乘着小船冲下来，抢劫毫无戒备的陌生人。"

如果他们真是海盗，那他们到底遭遇了什么？是否就像幽灵船"玛丽·赛勒斯特"号那样，虽然曾被加拿大"承蒙天恩"号发现漫无目的地漂浮在大西洋上，但船员却从历史上消失了？他们是不是生活在某个地方的海盗，被统治者驱逐了？——追溯到17世纪的历史著作《拉贾瓦利耶》中给出了可能的线索。

这部作品清楚地表明，海盗经常遭到残酷对待。达摩波洛罗摩婆诃王统治时期，一名叫作卡迪拉纳的摩尔海盗从印度南部的卡亚拉海港而来，带着大量的摩尔人手下从基瓦夫登陆，目的是在基瓦夫强行捕捞珍珠。一位名叫萨卡拉卡拉·瓦拉的王子带着庞大的军队去对抗入侵者。王子胜利了，而且一绝后患——大象把海盗们的船只都击碎了。科伦坡北部海岸附近的马塔库利亚有一个被称为卡迪拉纳的地区，位于凯拉尼河和费里路之间，这一地区可能跟这个海盗有关。尼甘布也有一个地名叫卡迪拉纳。海盗本来应该从尼甘布上岸，因为它更靠近基瓦夫。

当然我们只能推测拉萨穆纳坎达的海盗最终以悲剧收场。但谁知道呢，他们也可能迁徙到了其他地方。对于那些选择当海盗的人来说，海洋是个快乐的狩猎场，除非他们要对付的是一支无敌舰队。或者他们也可以放弃当海盗的营生，安定下来，跟科伦坡及其周边地区的居民生活在一起。

惠斯特平房

穆特瓦尔以前是非常受欢迎的居住区，拥有美丽的天然景观和壮丽的海景。这里现在还有一个被称为"美丽景色"的区域。荷兰总督佩特鲁斯·维斯特在这里建造了乡村住宅，修建了一条从科伦坡市中心一直通往住宅的漫长道路，这条路直到今天还被称为新街。到了19世纪初，附近的小山上出现了平房，居民中有许多当时著名的殖民官员。

这里现在是科伦坡十五区，保留了很多宏伟的旧建筑，其中最著名的是惠斯特平房。詹姆斯·科迪纳在《锡兰掠影》（1807年）中写道："过去几年，科伦坡兴起的两个俱乐部，极大地丰富了当地的社交娱乐生活。"

"历史悠久的俱乐部包括'可可坚果'俱乐部和惠斯特俱乐部，主要娱乐活动是打牌。举办扑克派对的平房坐落在凯拉尼河的河口，距离科伦坡东北约4英里处。俱乐部由从当地最受尊敬的居民中选择出来的12名成员组成。他们轮流设宴，邀请12个陌生人一起打牌。"

俯瞰凯拉尼河口的惠斯特平房，可能是穆特瓦尔现存最古老的住宅，建于1800年左右。这座宏伟建筑的海拔高于朝向穆特瓦尔海滩的区域，因而是一个突出的地标。

惠斯特平房后来归理查德·摩根爵士所有，他是第一位获得爵士头衔

惠斯特平房

的亚洲人。到了 20 世纪初，这里归属路易斯·皮耶里斯。现在这里被称为普拉迪帕大厅，由国家住房发展局租用，承办婚礼和其他活动。一条距离普拉迪帕大厅不远的小巷仍保留着这座平房的旧名字——惠斯特巷。

乌鸦岛

凯拉尼河口附近的乌鸦岛曾是一片贫瘠的沼泽地。

乌鸦岛似乎是以岛上无处不在的乌鸦命名的，人们甚至可以看到它们栖息在海滩公园入口处的招牌上。今天，这里是一处风景优美的公园，有出售儿童玩具的小木屋、高耸的瞭望塔、供家庭散步的草地和带孩子们骑行的小马。此外，这里还是红树林栖息地，同时还是一个可以眺望大海的码头，从这里看到船只从科伦坡港向南进出。

夜幕降临前一个小时左右，城市及其周边地区的大部分乌鸦都会飞到乌鸦岛栖息。亨利·威廉·凯夫在1908年出版的《锡兰之书》中写道："这里有一个小岛，离海岸很近，人们很难不注意到它。科伦坡乌鸦的嘈杂合唱会吸引我们。这是它们的家，叫作乌鸦岛。天亮的时候，它们成千上万地离开乌鸦岛，在整个城市四处觅食，晚上回到那里栖息。"

1932年10月，J.L.K.范多尔特在发表在《锡兰荷兰伯格联盟报》上的文章《老科伦坡》中写道："往北走有个小岛叫乌鸦岛，风景很好，很多人会去岛上享受悠闲而豪华的野餐。"

他补充说："乘船前往乌鸦岛，绕岛一圈，乘坐宽敞豪华的水上游艇再往上游去，这段记忆令人难忘。人们说，这座小岛直到今天仍是科伦坡

乌鸦在海滩公园招牌上歇息

所有乌鸦的家。成千上万只乌鸦在黎明时分出发，黄昏时以同样的方式返回，在茂密的椰林中寻找庇护。"

20世纪70年代，乌鸦岛建起了一个承载渔业改革使命的大型综合渔场。包括一个培训基地，培训船员为拖网渔船工作。如今，国家水产资源署在这里发挥着重要作用。

风景优美的印象

无论是从海上还是从陆地上看，穆特瓦尔及其周边都风景优美。詹姆斯·唐纳在《印度洋海员航行指南》中对科伦坡港的评价是："在穆特瓦尔附近的要塞区以北大约一英里处，生长着一些高大的冷杉树，从海边过来时，在灯塔处或旗杆前就能看到。它们为科伦坡提供了一个很好的地标，因为从海上看，它们比周围的椰子树高得多，而且种植得很稀疏。海岸的其他地方，不管是科伦坡北部还是南部，都没有类似的标志。"

阿利斯特·麦克米伦在《印度和锡兰海港》（1928 年）中对当时的穆特瓦尔有这样的评价："只有亲身经历，你才能理解这里有多美——薄雾蒙蒙的黎明，站在老学院山上回望港口，你会惊讶地发现不逊于特纳画笔下的风景；从惠斯特平房的水楼梯上观看大海和凯拉尼河之间的永恒之战，漫长的沙滩每小时都被饥饿的海水吞噬；你还能看到渔船乘风破浪而来，船帆在微风中紧绷。"

1932 年 10 月，J.L.K. 范多尔特在发表在《锡兰荷兰伯格联盟报》上的文章《老科伦坡》里，深情地赞美了穆特瓦尔："我最早和最愉快的回忆与科伦坡北部有关。与上一代人的回忆不同（当时，南郊还不是居住区，被称为'沉闷的种植园'），对我来说，所有可能的冒险和浪漫都来自

穆特瓦尔是河海交汇处

凯拉尼河口及其周边。我怀着敬畏之情反复听着那个故事：人们在这条河口的沙洲外看到了英国舰队。我有一幅彩色素描，一直带在身边。"

布洛克·艾略特在《锡兰实录》（1937年）里写道："在到达穆特瓦尔的童子军营地之前，你会经过风景如画的港口，科伦坡渔船队就停泊在这里。穆特瓦尔位于防波堤北岸的底部，风景优美。几十艘远洋双体船在这里搁浅，花上几个先令，你就能乘坐迷人的小船体验一次短途航行。"

中国与斯里兰卡：古往今来悠久的友好关系

作为本书的作者，我非常高兴能谈一谈中国与我深爱的祖国之间悠久的友好关系。

斯里兰卡人对中国并不陌生。中斯关系可以追溯回中世纪时期，甚至可能更久远一些。斯里兰卡诸多与中国有关的地名、人们公认从中国传来的服饰和食物，以及早期的历史记录都可以成为佐证。其实，中国对斯里兰卡社会和文化的影响可能比人们了解的更加深远和广泛。

英国人把锡兰红茶推广到了海外，现在斯里兰卡的茶叶在全世界都很有名气。但有证据表明，早在1867年苏格兰人詹姆斯·泰勒在斯里兰卡北部高地的卢勒孔德拉庄园用阿萨姆叶成功种植和加工茶叶之前，就有人在斯里兰卡见过茶树了。

罗伯特·珀西瓦尔上尉在其著作《锡兰纪实》（1805年）中写道："岛上的森林里发现了原生的茶树。它自然生长在亭可马里及锡兰其他北部地区。尚帕涅将军告诉我，驻军的士兵们经常会砍下树枝，挂在太阳下晾干，然后取下叶子煮沸后提取汁液，性质与中国茶叶相同。我手头有一封来自某位军官的信，他说他在锡兰的森林中发现了真正的茶树，品质与生长在中国的茶树不相上下。"

因此，中国人可能很久以前就到访过我们的海岸，并在英国种植者之前带来了茶叶。但这种中国茶究竟是什么时候传入的呢？

20世纪初在加勒市克里普斯路发现的刻有汉语、波斯语和泰米尔语三种语言的石碑，是中国人曾到访这里的见证。石碑建于1409年或1410年，用以纪念明朝永乐皇帝的使臣郑和下西洋途中经过此处并在此布施。郑和曾向斯里兰卡山上的一座佛教寺庙捐赠了1000枚金币、5000枚银币、50卷彩绣丝绸等物品。

毫无疑问，这就是15世纪初中国航海家郑和的海上远航。他率领着两万多名士兵，抵达了西南海岸的"皮洛里"（现称"贝鲁瓦拉"）。这支舰队上甚至可能种着茶树，因为茶在当时已经是中国的国饮。舰队为了实现数月的自给自足，必须配备一些空船舱存储食物、圈养牲畜，以防治鼠患。船员熟知坏血病的可怕之处，会在船上种植新鲜蔬菜。据说郑和的舰队里还有不少专家，能辨别不同植物，判断能否将某种新鲜植物移栽到另一块大陆上去。

因此，很有可能早在西方殖民者入侵斯里兰卡之前，就有中国人把茶树带到了这里。所以说，中国对斯里兰卡的影响比我们想象的要深远得多。人们还在贾夫纳半岛外的韦勒奈岛上发现了一批中国瓷器，可追溯到12世纪。

对斯里兰卡的地名稍作推敲，也能证明曾有中国定居者居住在这里。西南海岸的Sinigama（字面意思是"华人村"）、贝鲁瓦拉摩尔区的"中国贸易站"（China Fort）和加勒的"中国花园"（China Garden）可能就是他们生活过的遗址。在南斯里兰卡坦加勒的一处河口附近还有个古老的中国定居点。

钱币学研究也表明中国在斯里兰卡有相当大的影响力，尤其是在商业领域。中国宋代钱币在古都阿努拉特普拉、波隆纳鲁瓦和亚帕胡瓦均有发现，最早的年份为995年至998年，最晚的年份为1201年至1205年。西部腹地的库鲁尼加拉，中央高地马特莱地区坎达帕勒科拉勒的阿卢特韦瓦，东部省的卡尔穆奈、宁达吾尔和库鲁卡洛姆姆，斯里兰卡岛北部地区的塔莱曼纳尔等地也发现过中国古钱币。这些钱币分布在斯里兰卡的多个角落，说明不同时期中国商人在岛上从事贸易往来，足迹遍布斯里兰卡。

来来往往、繁忙穿梭的贸易船只可能很早就把丝绸等中国商品运到了岛上。斯里兰卡中部的锡吉里耶古城里，通往狮子岩的山壁上便有一幅绘着一位身着中国丝绸的金色少女像的壁画。现代僧伽罗语中"糖"(seeni) 的字面意思是"中国的"，指的就是来自中国的糖。有迹象表明，中国船只从澳门出发抵达科伦坡，将糖带到了斯里兰卡。

据传，也有一些水果来源于中国，或者由中国商人引进。一位七旬老人回忆生活在康提的岁月时说："我们家附近有一座山，叫'番石榴山'，那里到处长满了结出美味番石榴的树木。附近还有另一片丛林，我们会去里面采摘名叫'中国番石榴'的水果。走过郁郁葱葱的灌木丛，才能找到这些果树。还好那里盘踞的蛇群没有咬我们。大家都很喜欢中国番石榴，会用它制作果冻。"

马特莱古老的医疗传统也可能受到了传统中医的启发。当地的医生们会用金、银、铜、铁和钢针来给病人针灸治疗。以前流行的为了治疗某种病症而给病人文身的传统也有可能是从针灸演变而来的。

有意思的是，约翰·斯蒂尔在1930年出版的书籍《丛林季节》中提到亚当峰周围环境时写道："我们沿着岩架攀爬，寻找洞穴，沿途发现的许多洞穴曾经有人居住，尽管更多的是蝙蝠或豪猪的家。其中一些洞穴，只有靠以前的使用者在悬崖边生长的古老杜鹃花树干上凿出的缺口才能抵达。其中，几个洞穴的岩石上刻着镀金的汉字。"

这些发现值得探究。而中国对斯里兰卡的影响可能的确比人们之前想象的要深远得多。如今，斯里兰卡是最早欢迎并加入共建"一带一路"倡议的国家之一。

在中国与斯里兰卡共同绘制的"一带一路"友谊蓝图中，科伦坡港口城项目在其中占据浓墨重彩的一笔。该项目不仅是一个经济合作的案例，也是对斯里兰卡未来发展方向的一次重要推动。它的落地实施将有力推动斯里兰卡的经济增长，提升当地民众的生活质量，并为斯里兰卡的美丽建设注入新的动力。

在2024年2月，科伦坡这座充满活力的城市再次成为中斯文化交流的大舞台。斯里兰卡中国文化中心与斯里兰卡摄影家协会联合在科伦坡举办了一场中国文化摄影展。300余幅摄影佳作，出自两国摄影家之手，内容覆盖了绚丽的自然风光、悠久的名胜古迹以及丰富多彩的节日庆典。这些作品不仅捕捉了中斯两国的大美风光，更深刻地展现了两国的历史底蕴和民俗风情，带领观众感受中斯两国文化的独特魅力和深远联系。此外两国还曾联合举办文物展出等文化活动，记录中斯两国及海上丝绸之路上的友好往来历史。

除了视觉艺术的展示，中斯两国在学术领域的合作也不断加深。两国的联合考古团队在斯里兰卡的考古发掘中不断获得新发现，包括来自中国宋、元、明、清等朝代的陶瓷碎片等。这些珍贵的考古成果对于揭示当时的海上丝绸之路贸易网络、文化交流模式以及历史发展脉络具有重要的历史价值。它们不仅印证了中斯两国源远流长的友好往来，也展现了两国人民在不同历史时期所共有的智慧与创造力。

随着时间的推移，中斯两国在经济、文化、学术等多个领域的合作不断深化，两国之间的关系也不断深入。通过这些文化交流以及贸易往来，两国人民的心灵更加贴近。愿中国和斯里兰卡两国友好携手，拓展各领域交流合作，推动双方真诚互助、世代友好的战略合作伙伴关系不断取得新进展，高质量共建"一带一路"惠及两国人民。

图书在版编目（CIP）数据

科伦坡传：东方十字路口 /（斯里）阿西夫·侯赛因著；李南，李潇阳，马苗苗译． -- 北京：外文出版社，2025.2
（丝路百城传）
ISBN 978-7-119-13704-9

Ⅰ．①科… Ⅱ．①阿… ②李… ③李… ④马… Ⅲ．①文化史－研究－科伦坡 Ⅳ．① K358.03

中国国家版本馆 CIP 数据核字（2023）第 132357 号

项目策划：陆彩荣
出版指导：胡开敏
出版统筹：文　芳

执行统筹：蔡莉莉
责任编辑：陈丝纶　焦雅楠　钱品颐
图片提供：［斯里兰卡］阿西夫·侯赛因（Asiff Hussein）　视觉中国　等
装帧设计：冷暖儿　魏　丹
封面制作：北京凤焉图文设计工作室
印刷监制：章云天

科伦坡传
东方十字路口

[斯里兰卡] 阿西夫·侯赛因（Asiff Hussein）著
李　南　李潇阳　马苗苗 译

©2025 外文出版社有限责任公司
出 版 人：胡开敏
出版发行：外文出版社有限责任公司
地　　址：北京市西城区百万庄大街 24 号　　邮政编码：100037
网　　址：http://www.flp.com.cn　　电子邮箱：flp@cipg.org.cn
电　　话：008610-68320579（总编室）　　008610-68996181（编辑部）
　　　　　008610-68995852（发行部）　　008610-68996185（投稿电话）
印　　刷：北京盛通印刷股份有限公司
经　　销：新华书店 / 外文书店
开　　本：710mm×1000mm　1/16
装　　别：精装
字　　数：300 千
印　　张：21.25
版　　次：2025 年 2 月第 1 版第 1 次印刷
书　　号：ISBN 978-7-119-13704-9
定　　价：138.00 元

版权所有 侵权必究　如有印装问题本社负责调换（电话：68996172）